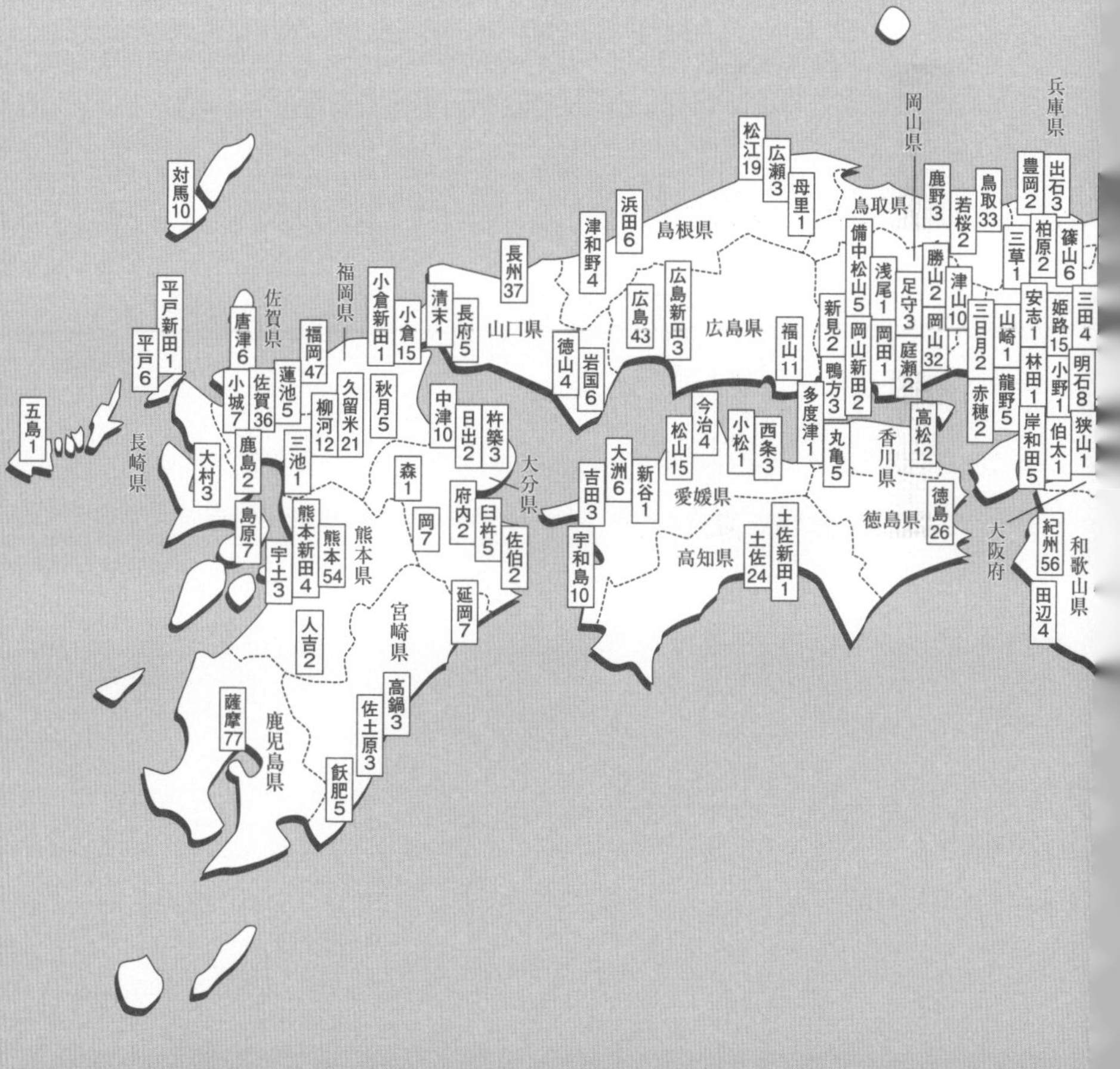

対馬10
五島1
平戸6
平戸新田1
唐津6
佐賀県
小城7
佐賀36
蓮池5
福岡47
福岡県
小倉新田1
小倉15
久留米21
柳河12
秋月5
三池1
鹿島2
大村3
長崎県
島原7
宇土3
熊本新田4
熊本54
熊本県
人吉2
森1
岡7
府内2
臼杵5
佐伯2
延岡7
宮崎県
高鍋3
佐土原3
飫肥5
薩摩77
鹿児島県
中津10
日出2
杵築3
大分県
清末1
長府5
山口県
長州37
津和野4
浜田6
島根県
松江19
広瀬3
母里1
徳山4
岩国6
広島43
広島新田3
広島県
福山11
鳥取県
岡山県
鹿野3
若桜2
鳥取33
備中松山5
浅尾1
足守3
勝山2
津山10
新見2
岡山新田2
岡田1
庭瀬2
岡山32
鴨方3
多度津1
丸亀5
香川県
高松12
今治4
松山15
小松1
西条3
大洲6
新谷1
吉田3
宇和島10
愛媛県
土佐24
土佐新田1
高知県
徳島県
徳島26
兵庫県
豊岡2
出石3
柏原2
篠山6
三草1
三日月2
山崎1
安志1
姫路15
三田4
明石8
林田1
小野1
龍野5
赤穂2
岸和田5
伯太1
狭山1
大阪府
紀州56
和歌山県
田辺4

シリーズ藩物語

# 津山藩

岩下哲典……著

現代書館

プロローグ

# 津山藩物語

慶長八年（一六〇三）、美作国《みまさか》も領していた備前《びぜん》岡山城主小早川秀秋《こばやかわひであき》が継嗣無くして没した。かつて織田信長《おだのぶなが》の信頼厚かった森蘭丸の弟森忠政《ただまさ》は、関ヶ原の合戦で、徳川家康《とくがわいえやす》に与《くみ》し、信濃川中島で十三万七千石を与えられていたが、小早川の美作一国十八万六千五百石を与えられて入部《にゅうぶ》、ここに津山藩が成立した。

森家は、忠政・長継《ながつぐ》・長武《ながたけ》・長成《ながなり》と四代続いたが、元禄十年（一六九八）、五代目をつぐはずの衆利《あつとし》が参府途上の伊勢で乱心したため、改易となる。元禄十一年、家康の二男結城秀康《ゆうきひでやす》の直系である松平宣富《まつだいらのぶとみ》が十万石で入部し、以後、幕末・明治まで越前松平家嫡流《ちゃくりゅう》として、宣富・浅五郎《あさごろう》・長熙《ながひろ》、長孝《ながたか》・康哉《やすちか》・康乂《やすはる》・斉孝《なりたか》・斉民《なりたみ》・慶倫《よしとも》と九代を数えた。その間、長熙の時、五万石に減封となり、斉民の時、元の十万石に復した。石高が増減し、収入が安定しないゆえ、津山藩はその都度、大きな困難を乗り越えざるを得なかったのであった。

藩領は津山盆地のほかは、ほとんどが山間部である。出雲《いずも》へ繋がる出雲街道が津山城下を通過し、米子《よなご》・倉吉《くらよし》など山陰地方へも向か

## 藩という公国

**江戸時代、日本には千に近い独立公国があった**

江戸時代。徳川将軍家の下に、全国に三百諸侯《しょこう》★の大名家があった。ほかに寺領や社領、知行所《ちぎょうしょ》★をもつ旗本領《はたもとりょう》などを加えると数え切れないほどの独立公国があった。そのうち諸侯を何々家《け》家中《かちゅう》と称していた。家中は主君を中心に家臣が忠誠を誓い、強い連帯感で結びついていた。家臣の下には足軽《あしがる》層《そう》★がおり、全体の軍事力の維持と領民の統制をしていたのである。その家中を藩と後世の史家は呼んだ。

江戸時代に何々藩と公称することはまれで、明治以降の使用が多い。それは近代からみた江戸時代の大名の領域や支配機構を総称する歴史用語として使われた。その独立公国たる藩にはそれぞれ個性的な藩風《はんぷう》と自立した政治・経済・文化があった。幕藩体制とは歴史学者伊東多三郎《いとうたさぶろう》★氏の視点だが、まさに将軍家の諸侯の統制と各藩の地方分権が巧く組み合わされていた、連邦でもない奇妙な封建的国家体制であった。

**今日に生き続ける藩意識**

明治維新から百四十年以上経っているのに、今

う。また津山は、このほか備中新見《しんみ》や播磨佐用《はりまさよう》、さらに吉井川で岡山など山陽地方へも通じ、古来、交通の要衝《ようしょう》として、院庄《いんのしょう》（現・津山市院庄）などの荘園や後醍醐《ごだいご》天皇の隠岐《おき》配流の伝承でも名をはせた場所である。

山間地域なれど交通の要衝たれば、人・物・金・情報が通過し、かつそれらは、津山にも留まった。この結果、豊かな文化が花開き、その文化を求めて周辺から人々が津山に集まってくる。

さらに、徳川幕府の参勤交代制度は、津山に江戸の文化を運んできた。またこの制度を利用し、津山から江戸に学問を学びに出かける若者も多くいた。かくして津山藩には、全国に誇るべき、時代の最先端の学問（蘭学・洋学）や文化が開花することになった。しかし、そこには、藩の蘭学者や洋学者あるいは藩全体に、通底するある思いがあった。その思いを本書では解き明かしていきたいと思う。

つまりこの思いがなかったら「洋学の津山藩」はありえなかった。本書では、津山藩の最大の特徴である「蘭学・洋学」（以下、洋学で統一）が、津山藩のどのあたりから始まり、どう展開し、日本の近代化にどのように貢献したのかを叙述することで、津山藩そのものをも明らかにしたいと思う。

でも日本人に藩意識があるのはなぜだろうか。明治四年（一八七一）七月、明治新政府は廃藩置県《はいはんちけん》を★断行した。県を置いて、支配機構を変革し、今までの藩意識を改めようとしたのである。ところが、今でも、「あの人は薩摩藩の出身だ」とか、「我らは会津藩の出身だ」と言う。それは侍出身だけでなく、藩領出身も指しており、藩意識が県民意識をうわまわっているところさえある。むしろ、今でも藩対抗の意識が地方の歴史文化を動かしている。そう考えると、江戸時代に育まれた藩民意識が現代人にどのような影響を与え続けているのかを考える必要があるだろう。それは地方に住む人々の運命共同体としての藩の理性が今でも生きている証拠ではないかと思う。

藩の理性は、藩風とか、藩是《はんぜ》とか、ひいては藩主の家風ともいうべき家訓などで表されていた。

〔稲川明雄（本シリーズ『長岡藩』筆者）〕

**諸侯**▼江戸時代の大名。
**知行所**▼江戸時代の旗本が知行として与えられた土地。
**足軽層**▼足軽・中間・小者など。
**伊東多三郎**▼近世藩政史研究家。東京大学史料編纂所所長を務めた。
**廃藩置県**▼藩体制を解体する明治政府の政治改革。廃藩により全国は三府三〇二県となった。同年末には統廃合により三府七二県となった。

シリーズ藩物語　津山藩——目次

## 第三章 藩政の刷新と挫折、そして新展開

松平康哉が始めた新政は失敗に終るが……。

# 第六章　歴代藩主と藩政のしくみ

歴代藩主たちのプロフィールを改めて紹介する。

## これも津山



### 津山市周辺地図

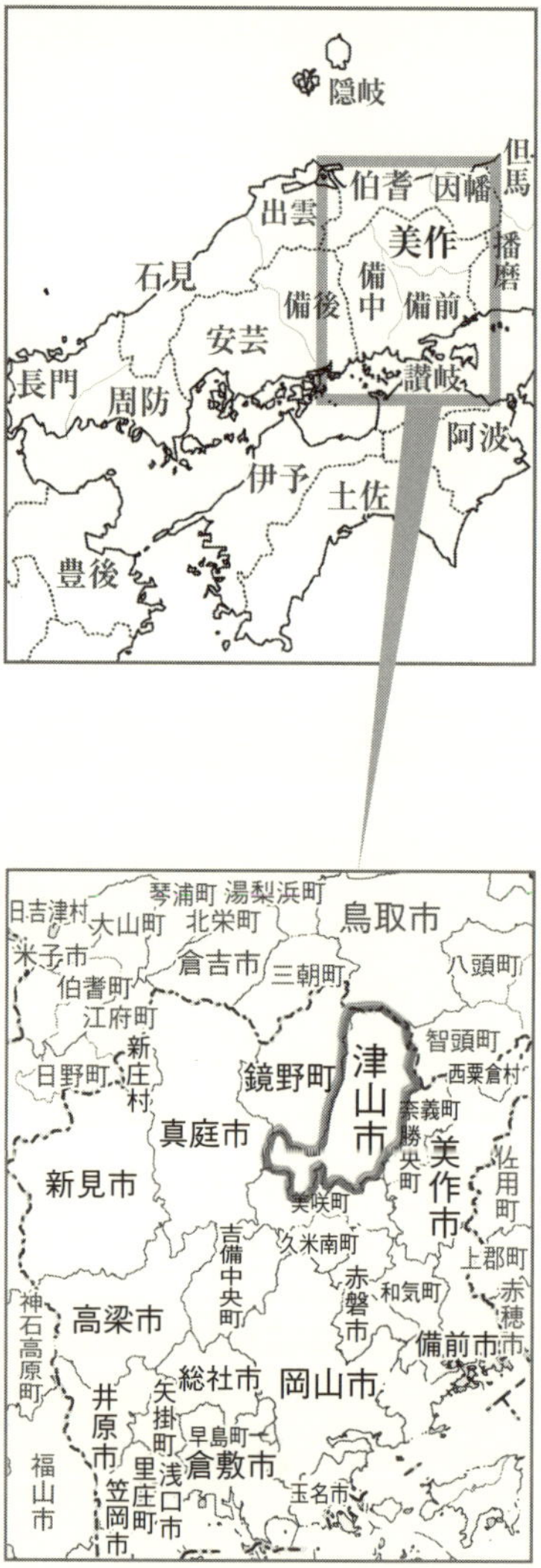

第一章

# 森家の時代

津山のシンボル津山城を築き、藩政の基礎を固める。

1

# 森忠政の時代

織田信長に仕えた森可成の六男として生まれた森忠政。長男は信長の朝倉攻めで戦死。三男蘭丸をはじめ四男・五男は信長の小姓として本能寺の変で、二男は小牧・長久手の戦いでそれぞれ戦死、残された忠政が津山藩主となった。

## 森氏以前の形勢

戦国時代の美作は、出雲の尼子《あまご》氏、備前の宇喜多《うきた》氏、安芸《あき》の毛利《もうり》氏など近隣する戦国大名の草刈り場であった。美作の国衆は、それら戦国大名に分属し激しく抗争していた。天正十年（一五八二）の羽柴秀吉《はしばひでよし》と毛利氏の和睦で美作は宇喜多氏の所領となったが、毛利氏に与する国衆《くにしゅう》★も多く、しばらくは不安定であった。ようやく宇喜多氏の帰属となったのもつかの間、関ヶ原の合戦では宇喜多氏は西軍だったため取り潰され、当主の秀家は、伊豆諸島の八丈島《はちじょうじま》に流罪となった。宇喜多領の備前・美作には、徳川家康に内通した小早川秀秋（秀吉正室高台院の甥）が入部した。しかし、二年後の慶長八年（一六〇三）に嗣子無くして亡くなり、元美濃金山《みのかなやま》城主で当時、信濃川中島城主の森忠政が十八万六千五百石で入

▼国衆
領国内に土着している武士のこと。国人領土や国侍ともいう。

封した。

## 相模森氏と津山

森忠政は、相模《さがみ》森（現・神奈川県厚木市毛利台と推定）を出自とする武士と考えられている。

森氏は、いつのころからか、美濃国羽栗郡蓮台（現・岐阜県羽島郡笠松町田代付近と推定）に居住し、森可成《よしなり》の時、斎藤道三《さいとうどうさん》の客分になり、のち織田信長に仕えた。可成の長男可隆《よしたか》は、越前朝倉攻めの初陣で戦死、可成自身も近江坂本で戦死している。三男長定《ながさだ》（成利との説あり）、四男長隆《ながたか》、五男長氏《ながうじ》は、それぞれ蘭丸、坊丸、力丸ともいい、本能寺の変で主君信長とともに討死した。そのうえ、二男長可《ながよし》（鬼武蔵、信濃海津《かいつ》城二十万七千九百三十三石）は、秀吉に与して小牧《こまき》・長久手《ながくて》の戦いで、家康軍の待ち伏せに遭い戦死してしまった。この時長可が残した遺書には、弟である忠政を心配する気持ちがにじみ出ている。

こうして六男の忠政が次兄長可の遺跡金山七万石を相続することとなった。忠政は、秀吉の上杉攻めや九州平定、朝鮮出兵時の肥前名護屋《ひぜんなごや》出仕などにも従事した。秀吉没後は、徳川家康に心を寄せて、家康の身辺警護などもしたという。

慶長五年（一六〇〇）二月、美濃金山七万石から十三万七千五百石で兄長可の

▼**斎藤道三**
美濃稲葉山城主で、織田信長の岳父。実子義龍と不和となり敗死。義龍は信長に滅ぼされた。

木造森忠政公坐像（本源寺蔵）

故地信濃海津城に入城した。これは、五大老★家康の単独決裁による最初の転封として注目されている事例である（異説もある）。同年九月の関ヶ原合戦では、その前段階から度々家康や秀忠と連絡を取り合い、また上田城の真田昌幸《まさゆき》・信繁《のぶしげ》（幸《ゆき》村《むら》）父子の抑えとして海津城を守り、上田攻めにも加わっていた。真田の抑えとして重要だったが、忠政本人は関ヶ原合戦に参戦できなかったことを遺憾に思っていた。それでそのことを弁明したかったのだろう。自らの上洛を願う書状を秀忠に度々出している。その甲斐あって同八年、津山に十八万六千五百石で移封となり、多くの美濃・信濃武士が津山にやってきた。

## 忠政の築城

入部した忠政は最初、鎌倉時代から守護所★があった院庄に本拠を置いたが、低い平地で、防御上問題があり、また水害にも弱かった。加えて、森家家臣内部の権力争いにより刃傷《にんじょう》事件まで起きたため、院庄での城普請《ふしん》を取りやめ、領内で適地を探した。

忠政の眼鏡《めがね》にかなったのが、山名氏の古城跡、鶴山《つるやま》であった。鶴山は、津山盆地の中心でもあり、北（玄武《げんぶ》）に中国山地、東（青龍《せいりゅう》）は宮川、南（朱雀《すざく》）は吉井川、東から西（白虎《びゃっこ》）に出雲街道が走る、四神相応《ししんそうおう》の土地である。四神相応とは、

▼**五大老**
豊臣秀吉が置いた政権の最高機関で徳川家康、前田利家らが任じられた。

▼**守護所**
守護はもともと鎌倉・室町幕府の役職で、国ごとに置かれた軍事・行政官のことで、守護所は守護が住んでいる場所。

津山城復元模型（津山郷土博物館蔵）

中国の民間風水思想で、背後の北に玄武が宿る山、手前の南に朱雀の川や湖沼、東には青龍の河川、西には白虎たる街道を有する土地が長く栄える王都にふさわしいとするもの。左右の東西に丘を持つ土地がよいという説もある。古代の都平城京や平安京などはこの考えにのっとって造られているとされ、最近では江戸も四神相応の地と称されている。ところで津山城の初代築城者は、山名《やまな》忠政と称したので、同じ名前をもつ忠政は奇縁を感じたという。

慶長九年（一六〇四）、忠政は「鶴山」を「津山」に改め、城内にあった寺社を移し、領内に労役と資材を命じて、築城を開始した。完成は元和二年（一六一六）。その間、大坂の陣もあって工事は十三年の長きにわたった。天守等の造作には忠政の友

## 美作津山藩　森氏の系図

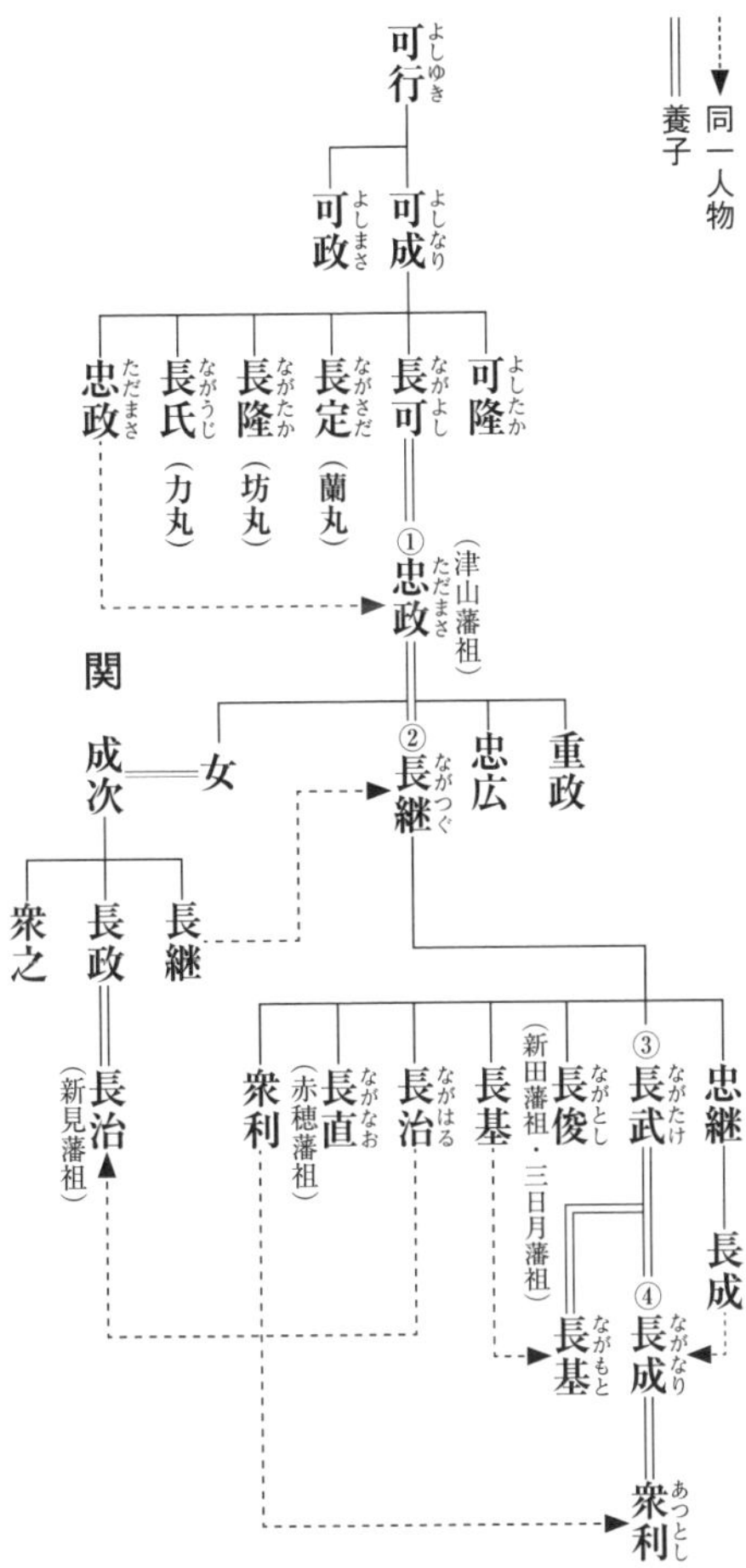

人細川忠興《ほそかわただおき》★の小倉《こくら》城が参考にされたという。

津山城は、現存する石垣から見てもその堅牢な造作が見て取れる。時代により変遷があるものの、惣曲輪《そうぐるわ》★、三之丸、二之丸、本丸からなる堂々とした平山城である。

天守は現存しないが、津山郷土博物館にある広島大学工学部建築意匠学研究室監修の模型を見ると、五層の天守で、一層から五層までわずかに逓減《ていげん》していく構造。最上階以外の屋根には破風《はふ》はなく、全体的に質素な造りであった。一層の下には穴倉（地下室）、一層には湯殿《ゆどの》、二層は御座の間など、内外ともに、質実剛健な山間地美濃や信濃の気質を受け継いでいるように感じられる。

天守は天守曲輪に建ち、隣接する本丸には、本丸御殿、すなわち城主が政治をみる表御殿《おもてごてん》、役人の詰所《つめしょ》、藩主の生活の場である奥御殿、奥女中が住む長局《ながつぼね》があった。そのほか各櫓《やぐら》が林立していた。

数多くあった櫓の中で、先年、「備中櫓《びっちゅうやぐら》」が伝統工法で再建された。備中櫓の「備中」は、忠政の長女と四女が嫁いだ鳥取藩主池田備中守長幸《ながよし》が、津山城を訪れたことから、長幸の「備中守」にちなむと文献ではされていたが、近年の発掘調査で出土した丸瓦に池田家の揚羽蝶《あげはちょう》紋があり、そのことが裏付けられた。備中櫓は、格子窓、鉄砲狭間《てっぽうはざま》★や矢狭間★が施され、戦闘を想定した櫓でありながら、内側には濡れ縁や茶室があり、ほとんどの部屋が畳敷きで、唐紙《からかみ》（襖）で

▼**細川忠興**
戦国時代の大名で、父は細川藤孝、妻はガラシャ。茶を千利休に学んだ茶人としても有名で、剃髪後三斎と号す。

▼**惣曲輪**
城と城下町を囲む全体のこと。

▼**鉄砲狭間**
城郭の壁や塀に設けられた攻撃用の穴。鉄砲を用いることからの名。

▼**矢狭間**
城郭の壁や塀に設けられた攻撃用の穴。弓矢を用いる。

仕切られていた。櫓といっても無骨なものではなく、内装は御殿建築であり、現在忠実に復元されている。ただ、唐紙には障壁画が描かれていたわけではなさそうで、城郭の櫓と御殿の両方の性格を有しており、本丸部分の狭隘《きょうあい》さを補うため、櫓を御殿に転用したものと見られ、城郭建築として特異な性質をもった実に興味深いものである。

城下からもよく見えた「備中櫓」は、いつしか、備中国の方を向いていることから、「備中櫓」と称された。さらに津山城のシンボル的存在になっていたといわれている。なお、備中櫓は藩主の居所にあてられ、小天守とも呼ばれていたともいう。ただし、倉庫や藩主の家族の居所に使われていた時代もあったといわれている。

二之丸には、二之丸御殿があり、ここを居所にした藩主もいた。三之丸には馬場があった。三之丸の外側が惣曲輪で、内山下《うちさんげ》ともいい、藩主一門や重臣の屋敷が並んでいた。惣曲輪には、京橋門、旭門、二階町門、田町門、作事《さくじ》門、北門などの門があり、これらを通らなければ城下町へは入れなかった。なお、今の衆《しゅう》楽園《らくえん》は、森家二代目藩主長継が営んだ別荘で、「対面所」や「北園」などと呼ばれ、松平時代も藩主別荘や隠居所として利用された。現在の規模は半分以下に縮小されたとはいえ、衆楽園は藩政時代の面影を現代に伝える貴重な史跡である（後述）。

復元された備中櫓

## 忠政の治政

森氏は、美濃木曽《きそ》川、信濃川中島（千曲《ちくま》川・犀《さい》川）を治めたことのある大名で、津山入部後も治水に業績をあげた。水源からの距離と雨水すなわち河川の流域および川床《かわどこ》の深さを調査し、それに基づいて川幅を決め、川幅を維持するために道路を曲げるなどしたという。築かれた堤防は簡易で、自然の流れに逆らわない、経験則に基づいたものであったらしい。

城下町は、慶長九年（一六〇四）の検地での縄除《なわよ》け地、つまり石高《こくだか》を表記しない無高の免税地とし、町人の定住を促した。なお、城下町の六割は武家地、つまり武家屋敷であった。武家地が多いのは城下町防衛のための拠点とするためであり、当時の常識である。

武家屋敷はまず一門・重臣が郭内、中堅の藩士がその外郭、さらにその外側に鉄砲足軽や足軽の屋敷があった。

町人地の真ん中には出雲街道が通っており、街道の両側には店舗が並んでいた。当初は同じ職業に就いている者は同じ町に住むことになっていた。

また、城西には大きな寺町が作られた。森家時代には美濃地方から浄土宗の涅槃寺（のちの泰安寺）、来迎寺（のちの成道寺）が勧請され、その後、成覚寺ができ、

本源寺（津山市）

泰安寺（津山市）

真言宗の金剛寺（のちの愛染寺）、清眼寺（のちの光厳寺）、福泉寺、臨済宗の龍雲寺（のちの本源寺）が営まれた。このうち龍雲寺は忠政により拡充され、森家の墓所とした。その後、景徳寺、大雄寺、渓花院（のちの宗永寺）など森氏によって臨済宗の寺院も建立された。そのほか、最初は鶴山にあった日蓮宗の妙法寺も城下に置かれ、同宗妙勝寺、本行寺も建立された。曹洞宗では長安寺、天台宗は大円寺などが創建された。これら寺院は、非常時には軍勢を駐留させ、城下町の防衛拠点となるように配置されたといわれている。

津山城西北の丘陵に対峙する不知夜山《いざよい》に八幡宮と威徳寺、近辺に地蔵院、庚申寺、長久寺、吉祥寺を、小田中丘陵に白神社、長雲寺、善福寺（のちの安国寺）、丹後山に大隅神社、本蓮寺、蓮光寺など東寺町が形成された。なお城下西の出入り口には徳守神社および清閑寺が創られ、防衛がより強化された。

築城・城下の建設と同時に行わなければならないのが、領国経営であり、その要として検地があった。まずは村境を確定し、竿入れ★（検地）と坪刈り★を実施する。これを短期間に行い、年貢を決定し、家臣団には、給地を分け、寺社に土地を寄進した。これこそが財政を安定化して、藩内秩序を維持し、民衆を教化するもっとも重要な施策であった。

さらに慶長十一年正月には、①触れに背く村は処罰する、②走り百姓★は、庄屋や組頭、隣組まで調べ上げ処罰する、③村々に虚偽を申し立て迷惑をかけるもの

大隅神社（津山市）

**▼竿入れ**
竿を使って検地を行うこと。

**▼坪刈り**
一坪分の稲を刈り取って全体の収量を推測すること。

**▼走り百姓**
耕地を捨てて逃げた農民のこと。

あれば成敗するの三カ条を布達した。これは、宇喜多氏や毛利氏、小早川氏などに属していた元国衆を統制するための触れで、帰農して村の有力者となった彼らが煽動して新領主森氏に背いたり、走り百姓を出した村に対して森家の悪口や反旗を翻させようとしたりすることなどを防ぐためである。

## 徳川幕府からの度重なる負担

森氏は西国の大大名として徳川幕府から課された度重なる軍役《ぐんやく》を果たさなければならなかった。主なものをあげると、慶長十一年（一六〇六）の江戸城石垣普請、同十二年の駿府《すんぷ》城普請、同十四年の丹波篠山《たんばささやま》城普請、同十五年の丹波亀山《かめやま》城普請と名古屋城普請、同十八年の御所築地《ついじ》造営、同十九年の江戸城石垣普請および大坂冬の陣出陣、慶長二十年の大坂夏の陣出陣、元和五年（一六一九）、福島正則《ふくしままさのり》改易★による広島城受け取り、同六年、寛永元年（一六二四）、同五年の大坂城石垣普請があった。江戸城、駿府城、名古屋城、大坂城の普請は天下普請ともいわれ、規模が大きくトラブルも続出する可能性が高かった。また、大坂の陣での豊臣方との戦いでは人的な損害もあり、いずれも、森家の財政的逼迫はいうまでもなく、津山城の普請が長期にわたったこともいたしかたがなかった。

津山に入部当初、重臣同士の争いから刃傷事件も起きたが、慶長十三年にも津

▼福島正則の改易
台風で崩れた広島城の石垣を幕府の許可を得ずに修理したため改易された。

山城石垣採掘場で重臣同士の刃傷事件が起き、関係者が処罰されている。この後、家臣団統制にテコ入れするため忠政は、旗本になっていた父可成の弟可政《よしまさ》を七千石の最上席家老に迎え、ほかにも父の代に召し放たれた者や改易された福島正則の家臣や加藤清正《かとうきよまさ》家の家臣で学者の江村専斎《えむらせんさい》などを新たに召し抱えた。

森忠政が大坂の陣で使用したと伝わる鉄盾
（津山郷土博物館蔵）

# ②忠政の死と二代藩主長継

初代藩主森忠政は、京都での宴席で食べ物にあたって客死する。その跡を長継が相続して、法度を制定し、支配体制を整える。また、幕府からの命により、国絵図を作り、江戸城普請の手伝いなども行った。

## きわどかった相続

寛永三年（一六二六）、忠政は従四位上《じゅしいのじょう》左近衛権中将《さこんのえごんちゅうじょう》に昇叙《しょうじょ》、世子《せし》忠広は従四位下侍従《じじゅう》右近大夫《うこんのたいふ》に任ぜられた。忠広の妻は加賀金沢藩主前田利常《まえだとしつね》の娘で将軍秀忠の養女であった。順風満帆に思えた忠広だったが、寛永十年病死。忠政は、忠広の死後、自身の二女が重臣関成次《なりつぐ》に嫁いで生んだ関長継を養子に迎え、将軍家光に御目見《おめみ》えさせた。翌年、忠政は将軍家光の上洛に供奉《ぐぶ》するため京都にのぼったが、藩の御用商人大文字屋に招かれた宴席の食事にあたって急死した。享年六十五であった。京都大徳寺の三玄院（忠政建立）に葬られた。諡《いみな》は本源院で、津山龍雲寺にも分葬した。

忠政の遺跡は長継が相続したが、実はすんなり相続が認められたというわけで

徳川家光肖像写
（東京大学史料編纂所蔵）

もなく、当時江戸にいた長継は、急ぎ上洛し、将軍のいた京都二条城で、相続を認められるというきわどい状況だったという。そして長継と共に関成次（実父）、森可春《よしはる》（可政の五男）、大塚主膳《おおつかしゅぜん》、各務主水《かがみもんど》、森正信《まさのぶ》（可政の六男）の五人の重臣が家光に御目見えし、森家盛り立ての重責を担うこととなった。

## 長継の法度

長継は家督相続直後、一五カ条の法度《はっと》を制定して、家老の大塚主膳と森可春に伝達した。その内容は以下の通りであった。

①軍法は忠政様が御定めになられた通りとする。
②幕府の奉行衆がご通行の場合、その場所の百姓が粗略な対応をしないように厳しく申し付ける。
③年貢は検地の上で徴取すること。給人がよくないことをした場合、その所の百姓は郡《こおり》奉行に必ず届け出ること。
④侍が他国へ無断で行くことを固く禁止する。やむを得ない事情がある場合は、自分の組頭に届けて出発せよ。無断で行くことは固く禁止する。年貢徴収の時期も組頭に断って行くこと。
⑤鉄砲を禁止された場所では鉄砲を用いて鳥を獲ってはならない。目付《めつけ》を出すの

で、その指示に従うこと。
⑥鷹狩は、許可された者以外は禁止する。
⑦国中で身分の上下に関係なく、浪人や請け人★がない者を抱え置くことはしてはならぬ。侍屋敷の内も同様である。
⑧家中の若党や町人が、侍に対して無礼なふるまいをした場合、処罰する。
⑨家中の侍が、昼から夜にかけて話や饗応、長時間にわたる酒の飲み会などで、人のうわさをし訴訟沙汰などになった場合、その主人や座を同じくしていた者は処罰する。
⑩江戸の留守居や侍が不届きのことをした場合、その罪により処罰する。
⑪国中に犯罪人がいた場合は捜査し、打ち首や牢屋に入れる等すること。
⑫家中の侍や町人が贈答や賭け勝負することは固く禁止する。国中の農村も同様である。
⑬家中の侍は召し使いの若党などが犯罪を犯し打ち首などになった場合、家老に届け出、その指図に従うこと。
⑭江戸留守の定番になった侍は火の用心をすること。目付にまで申し付けるので油断しないようにせよ。
⑮国中の竹木を無駄に切らないようにせよ。ただし修繕や作事などをする場合は郡奉行に証文を出し、その上で修繕・作事を行うこと。

▼請け人
身元保証人のこと。

「以上の一五カ条を背いたものは必ず落度となるので二人の家老から組頭や奉行衆におのおの伝達せよ」という内容であった。

幕府役人への配慮、国内犯罪者への厳罰、江戸詰藩士への諸注意など、家中・城下・農村の多方面にわたる統制令である。忠政時代からの統制令を代替わりに改めて布達し、家中の引き締めを図ったものと思われる。なお、こうした法令が出されるということは、こうした違反者が多かったからだと考えるべきで、①～⑮が比較的日常的に起きていたということでもある。

## 国絵図の作成や軍役

正保二年（一六四五）、幕府は全国に国絵図作成を命じた。森家も美作国絵図を作成して提出した。幕府は慶長、正保、元禄、天保と大きなものでは都合四回、国絵図と郷帳（郡名、村名と石高を記載）をセットとして提出させている。

国絵図は、極彩色で描かれ、山野河海、国境や郡境、城郭、村、道、一里塚まで記載されている。特に正保度は、城絵図や道帳も作成された。それは、三代将軍家光が島原の乱等の衝撃をきっかけに、海防体制の構築や対外関係に資する地域の情報を求めたからだといわれている。担当者は家光の側近で大目付《おおめつけ》★に就きキリシタン弾圧や西洋地図にも造詣《ぞうけい》が深かった井上政重《まさしげ》★であった。

美作国津山城絵図
（国立公文書館蔵）

▼大目付
幕府の役職のひとつで、大名を見張る。

▼井上政重
初代下総高岡藩主。

ところで、長継時代も幕府からの軍役は多く、寛永十三年（一六三六）に江戸城外郭普請、同十四年に島原の乱出陣準備、翌年は島原藩主松倉勝家《まつくらかついえ》預かりおよび江戸送致、同十七年に讃岐高松の生駒騒動★の一方の当事者である生駒左門の預かり、同二十年、朝鮮通信使国役、万治元年（一八五八）江戸城本丸・二之丸・山里丸の石垣普請、寛文五年（一六六五）から元禄元年（一六八八）、旗本高島長近の預かりなどがある。このうち改易された高島長近は、備中松山藩主池田長幸の五男で、長幸には忠政の長女と四女が嫁いでおり、親戚にあたることから預けられたのであろう。それにしても二十三年も預かれば、その間の出費は相当なものになったといえよう。

▼生駒騒動
四代目生駒高俊の時に起こったお家騒動。家中が江戸派と国元派に分かれて対立し、幕府に提訴した結果、高俊は出羽矢島へ転封、家臣たちも処分された。

## 長継の寺社造営

長継は、寺社の造営にも尽力した。

寛永十四年（一六三七）に仏教寺三重塔再建、同十六年本源寺森家霊廟、正保二年（一六四五）、仏教寺本堂再建、承応元年（一六五二）、妙法寺本堂再建支援、明暦元年（一六五五）、本山寺三重塔建立、同二年、宗永寺仏殿創建、同三年、美作総社本殿大修理、寛文三年（一六六三）、高野神社社殿再建・整備、同四年、徳守神社社殿再建・整備、同六年、塚角神社社殿改築、同八年、千年寺仏殿創建、

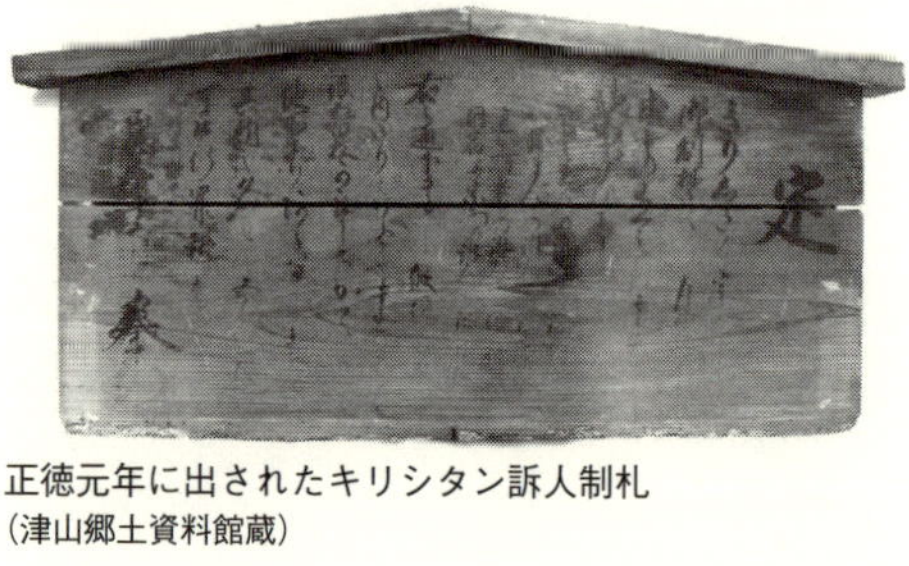

正徳元年に出されたキリシタン訴人制札
（津山郷土資料館蔵）

同十年、鶴山八幡宮社殿再建・整備、延宝元年（一六七三）、本山寺徳川家霊廟創建、同年の本光寺仏殿創建などがある。ほかに森時代のものとしては、元禄四年（一六九一）、安国寺経蔵があり、共に四代長成時代である。

この時期は幕府やほかの大名領でも寺社の建立や整備が行われていた。徳川幕府の体制が固まり社会が安定して、財政的な余裕が生まれたためである。また一方で、美作津山にはキリシタンが多数いたこと、同じく幕府から禁令の対象となった日蓮宗の不受布施派もいて、津山では殉教者もいた。そうした幕府禁令の宗派が多かったこともまた、藩主を多くの寺社造営に向かわせたのかもしれない。

# ③ その後の森家

二代藩主長継は四十年にわたり津山を支配し、長男忠継に跡を譲ろうとしたが、急死。家を残すために三男長武を藩主に立てる。これが不幸の始まりだった。長武が退いた跡は長成が継いだが、その死後、藩主が続かず、お取り潰しとなってしまった。

## 抜け出せない負のスパイラル

森長継は、二代藩主として四十年間その任にあった。分家の関家から入ったものの、初代忠政の治世を引き継ぎ、津山森家の全盛時代を築いたといえる。分家大名の創出もそのひとつだった。承応元年（一六五二）、長継は実弟関長政に美作のうち、一万八千七百石を分知して幕府に対し大名に取り立ててほしいと願い出た。これを津山宮川藩という。長政の養子関長治の時、元禄十年（一六九七）、本藩森家が改易となったので、美作の所領を備中に移され、備中新見藩となった。また延宝四年（一六七六）には長継六男の森長俊に一万五千石を分知し大名とした。津山新田藩の誕生である。森家改易の後には播磨に所領を移され播磨三日月藩となった。

さて、長継の長男忠継は父を助け藩政に参与していたが、延宝二年に津山城で死去した。享年三十八だった。忠継の長男長成はわずか三歳だった。長継は、三男長武に家督を譲り、二万石の隠居料を有することとなった。長武は、長成が元服するまでのいわば「つなぎ」の藩主であった。しかし、長継時代の出費は長武時代に財政窮乏をもたらし、打開のため延宝四年（一六七六）、藩当局はやむなく藩札《はんさつ》（銀札《ぎんさつ》）の発行を行った。藩札の大量発行は、当然ながらインフレを惹起し、物価の高騰が庶民生活を直撃した。同七年、城下東西に大番所を設置し治安維持強化を行った。不安定な社会生活からくる治安悪化が、その背景にあったものと思われる。

三代藩主となった長武は楮《こうぞ》苗を頒布し、特産品化を計ろうとしたり、河川改修や、出雲街道の松並木、銀鉱山の採掘などを行ったりしたが、いずれも成功したとは言い難かった。特に、家臣および寺院の知行四分の一を収公、および扶持の一〇分の一の削減策は、家中の反発が大きく、長武への不信が渦巻く結果となった。村に対しても新たな検地を行い、荒れ地までを年貢対象としたことは、百姓からも恨みを買うことになった。加えて延宝元年から貞享二年（一六八五）にかけては、洪水や暴風雨、凶作、旱魃《かんばつ》など天災が重なり、ますます財政は悪化していった。

悪いことは重なるもので、長武は重臣の諫言《かんげん》を容れることが少なく、江戸の部

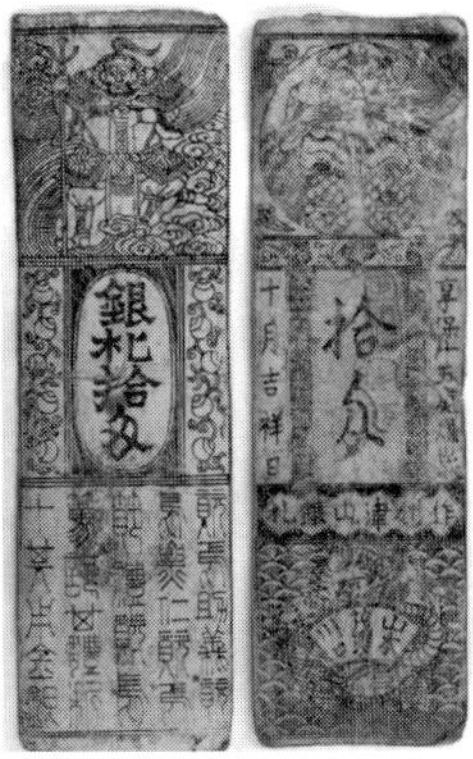


銀札は森家の時代だけでなく松平家の時代にも発行された。「津山松平藩一〇匁銀札」（津山郷土博物館蔵）

森家大系図（赤穂大石神社蔵）

屋住み時代から側に仕えていた横山頼次を国元まで連れてきて重用した。重臣の大塚左門や三村伊織が諫言したが、もちろん聞かなかったので、二人は森家を去った。

当時の噂話に、「最近津山近郊で怪異が多く起こる。ある日、城中から煙が上がっていた。火事のようであった。足軽・侍があわてふためいたが、しばらくして、彼らは消え去った」また、「夜、空中に光があって昼間のようであった。これは国政が厳しいので、武家も町方も殿様を恨んでいるからだ。かつ、横山が長成公を呪詛《じゅそ》しているとも言われている。こういうことだから天が警告しているのだ」ということがまことしやかにささやかれたのである。そうしたことから、貞享三年、隠居していた長継は、長武に引退を勧め、長成の家督相続を実現させた。長武には自分と同じく隠居料二万石を給した。幕府も長武の隠居と長成の家督相続を事前に認めていたと思われる。大名の家督相続には幕府内部の調整が必ず必要だったからだ。

津山に残る伝承では、長武は隠居を強《し》いられたとの思いが強く、また叔父の関長政が長成の後見をしていることも気に入らず、長成との間が疎遠《そえん》、険悪になっていったという。さらに長武が自分の息のかかった藩主を擁立して長成を引退に追い込み、自らも独立した大名になることを望んでいたとされる。もちろんこれはあくまでも伝聞であり実現には至らず、元禄九年に亡くなった。幕府は長武の隠居料を長成につけたが、長武の江戸屋敷は没収した。幕府隠密の情報によったものと思われる『土芥寇讎記《どかいこうしゅうき》』は、長武に関して「文武を学ぶことはなかった。勇ましく強いことをその行跡としていた。しかしながら悪気はなかった。生まれながらにして智恵があり、倹約家である。隠居後は万事よく慎み、政治向きもよろしい。ただし、民を憐《あわれ》み悲しむような施策はない」と『土芥寇讐記』にしては比較的好評価である。案外長武の実態を伝えているのではないだろうか。

## 長成の政治

さて長成は、貞享三年(一六八六)、十六歳、元服して藩主になった。叔父の関長政が後見である。長成は、家老長尾勝明の補佐を得て、前代の弊風《へいふう》を刷新《さっしん》し、士風を励ました。襲封直後の「条々二五カ条」から長成の政治を読み取ってみよう。

①幕府法令で禁止されている事柄は下々に至るまでしっかり守ること。
②忠孝を励んで、上下仲良く、礼儀が乱れないようにせよ。
③文武を常に心がけ怠らないようにせよ。
④すべての侍は自分の分限《ぶげん》を推し量り、異様な風俗をしないようにせよ。酒宴や遊興に流れ、家業を忘れるのは風俗が乱れることである。賭けの諸勝負は固く禁

止する。

⑤訴訟を組頭へ申し込む場合は、同じ組の物頭に申し込むように。

⑥諸侍が用事があって村に行く場合は、百姓に費用を負担させないようにせよ。もし逗留して一泊するようなら、組頭に許可を得よ。子どもが三泊する場合は、先に組頭の許可を受けよ。隠居はこの限りではない。

⑦諸侍が他国へ行くことは禁止とする。やむを得ない事情があるならば、たとえ無給や隠居であっても組頭の許可を受けよ。惣領★も同然である。

⑧善悪をわきまえず徒党を結ぶ者たちがいた場合は、捜査を行い、罪の軽重に従って処罰すること。

⑨最近、仲間外れにすることを聞くが、ひとりのうっ憤《ぷん》をほかの人の力を借りて晴らすのは卑怯の至りである。侍のすべきことではない。

⑩喧嘩両成敗はもちろんである。もしやられて立ち退《の》かれた場合は、その場にいるものとして後で討ちとめてよい。その場合、贔屓《ひいき》や片寄《かたより》があった場合は、その罪は本人に準ずるものとする。江戸にあって留守中は、処分は役人が穿鑿《せんさく》し、場合によっては、私（長成）まで指図を受けるように。総じて喧嘩の場合は、決められた役人以外は、現場にはせ参じてはならない。ただし、両隣りと向こう三軒の者は出あうべきである。ちなみに、諸侍および召し使いの喧嘩の場合、目付に申告し、双方の死骸は、目付や徒目付《かち》が見分した上で取り除くようにせよ。

▼惣領
跡取りのこと。

⑪人を殺したり、国法に背いて立ち退いたりする者があったら、仕置き役人や組頭の下知《げち》があり次第、予定された道筋に急いで追い駆け、場合によっては逮捕し、場合によっては打ち取るべし。

⑫召し使いの者、男女によらず処刑した場合は、組頭へ申告すること。

⑬家中の喧嘩で、縁者や親戚、知り合いなどが加担する場合は、その罪は徒党に等しいとする。

⑭追放者があった場合、親子兄弟は連座を免除する。見舞い取り持ちは禁止する。

⑮元の主人が差しさわりがあるとした者を雇用してはならない。もし知らないで召し抱え、元の主人から断りがあった場合は早々に解雇すること。

⑯親類の中で不届きの者があり、勘当する場合は、あらかじめ組頭に断るべし。その者の悪事が露見したうえで断った場合は証拠とすることはできない。

⑰他国へ使者に遣わされた場合、私用で立ち寄るなどしてはならない。やむを得ない場合は先に組頭に断っておくこと。江戸にいて組頭がいなかった場合は用人に断ること。

⑱縁組（婚姻）、養子、末子の他国奉公、娘の他国縁組、末子の出家などは組頭に断るべし。養子の場合は弟・孫・甥・いとこ・またいとこのうちから願い、これらがいない場合は妻の兄弟、甥のうちから願うこと。これらにもいない場合は組頭に伺《うかが》いをたて、指図をうけよ。

⑲諸侍が名を改め、元服★した場合は組頭に断ること。半元服★は勝手次第である。惣領が改名したり、隠居が剃髪して改名した場合も断ること。

⑳倒れた者があった場合は、近所両家が出あって早々に目付に知らせるように。倒れ者を試し斬りに使うことは止めよ。

㉑今から後は、諸侍は百姓と縁組してはならない。知行所の百姓の喧嘩や百姓の入れ替えは、郡奉行が裁許した上は、給人が一切口出ししてはならない。また百姓がよその者と喧嘩した場合も給人は加担してはならない。

㉒火事の場合はあらかじめ定められた役人以外は出てはならない。ただし縁者・親類は特別である。召し使いの者までかねがねこれを言って聞かせ、たとえ火元の確認に行かせる場合も、脇から見て早々に帰るようにさせよ。

㉓城下が火事の場合、どこであっても火事近辺の者が早く駆けつけ、火事役人が来たらその場を任せて、早々に屋敷に引き取るようにせよ。

㉔城中が火事の場合、組頭・城代・用人・留守居・目付そのほか火事役人どもは早々に駆けつけるべきである。年寄分・年寄並の面々、年寄次席は、冠木《かぶき》門・裏門近辺に待機し、城中から下知があり次第城内に入ること。なお、諸侍の面々は組頭の屋敷に詰めて、組頭の指示に従え。

㉕大火になった場合、仕置き方から下知があるので、誰でもよいから早速まかり出て消火せよ。

▼元服
子供から大人になるための儀式。男子は十五歳前後で行うことが多かった。

▼半元服
元服の一、二年前に、前髪を少しだけ落とす。

以上の定められた条々を堅く守るべきである、と長成が判を捺《お》している。

これは、武家の生活を細かく統制したもので、ここから当時の武家の生活が想像される。ただし、これだけ細かな規定が出されているということは、それらが守られていなかったとも考えられる。しかし、火事の際の規定をみると非常時の行動のガイドラインを策定したともいえ、江戸時代初期には簡素だった法も、社会の安定と共に法による統治（法治主義）の段階に進みつつあり、藩主自らが率先して布告したものといえよう。ともかく、幕府が成立して約百年、森家が津山に入部して約百年、三世代にわたると、当初の統制が効かなくなり、あえて長い規定を作らざるを得なかった状況も理解できる。

また、同時に、細かな質素倹約令も出されており、さらに、江戸屋敷の規定二五カ条も制定され、長成の並々ならぬ政治刷新の気概がうかがえる。前代の長武が打ち出し、怨嗟《えんさ》の的になっていた知行や寺領の四分の一の収公、扶持一〇分の一召し上げは廃止し、元に戻した。

また、院庄の後醍醐天皇の行宮《あんぐう》が、荒廃していたのを整備し、石碑を建てた。南朝の史跡を顕彰する全国的にも早い事例である。さらに地誌『作陽誌』の編纂も開始されたのがこの時代である。長成の時代は文運の向上も見られた時代であった。だが、幕府からの軍役は重く津山藩にのしかかってきた。

元禄六年（一六九三）には湯島聖堂《ゆしませいどう》の火の番、同八年には将軍家の菩提寺である増上寺《ぞうじょうじ》の火の番、さらに中野の犬小屋普請の手伝いを京極《きょうごく》家と共に命じられたのである。将軍綱吉は、継嗣《けいし》に恵まれなかったために、犬を大事にすれば跡継ぎが生まれるとした僧隆光《りゅうこう》に帰依《きえ》している母桂昌院《けいしょういん》の孝行のため、一連の「生類憐みの令」が出されていた。江戸の町には一〇万匹の野良犬があふれ、それらを養うために犬小屋が四谷と中野に造られた。

津山藩森家が担当したのは中野で、総坪数一二万二六〇〇坪、犬小屋二八九棟、餌所、釜屋、搗屋《つきや》、番所など一六四棟の大施設を建設したのである。要した人足はのべ九三万五〇〇九人、賃金三万三七三三両など、膨大な出費であった。隠居長継も心配だったとみえ、饅頭五万個、酒二十五石を差し入れた。結局、通常の藩予算からでは足りず、知行四分の一、扶持一〇分の一を収公し、長継の支援や大坂商人からの借り入れで賄った。領内の百姓も城下の町人も相応に負担し、裕福な者は特別な負担を強いられた。工事が完成し、長成は綱吉から労をねぎらわれたが、失ったものから考えると、とても見合うものではなかったのである。

そうした心労がたたったのだろうか、元禄十年六月、長成は二十七歳で急死。実子がなく、森家では、長成の叔父関衆利《あつとし》（長継の一二男）を跡継ぎにして、幕府に願い出た。御目見えのため津山を出発し江戸へ向かった衆利だったが、七月、伊勢《いせ》で高熱を発し狂乱状態となり、これが幕府の知るところとなって、八月、改易を言い渡され、領地没収となった。幕府は長継の隠居料二万石はそのままとし

中野区役所の前にある犬小屋跡の碑

たので、西江原（現・井原市）で陣屋を営むことを許し、森家を存続させた。長継は翌年、八十九歳という高齢で亡くなった。家督は一一男の長直が継ぎ、宝永三年（一七〇六）、長直は浅野家改易後の赤穂《あこう》藩主（二万石）となった。森長俊（長継の五男）は播磨三日月《みかづき》藩（一万五千石）、関長治（長継の九男）が備中新見藩（一万八千七百石）として、森家三家は存続することとなったが、津山藩主としての森家はここで途絶えた。

## 津山城明け渡し

森家が断絶となり、家中の動揺は激しく、多くは悲嘆に暮れた。中には津山城を枕に討ち死にを覚悟で戦うという者まで出て誓詞《せいし》血判《けっぱん》する者や武器の手入れをする者もいた。重臣たちは心配し家中の説得に奔走した。後見の長継や長俊、長治も、しきりに心配して江戸からではあったが手を尽くした。そうした甲斐あって強硬派は矛《ほこ》を収め、城の明け渡しを行うことになった。

元禄十年（一六九七）十月のことである。幕府からの上使は、陸奥《むつ》一関《いちのせき》の領主田村《たむら》建顕《たつあき》で、受け取りは播磨明石《あかし》藩主の松平直明《なおあきら》と若狭《わかさ》小浜《おばま》藩主の酒井《さかい》忠囿《ただその》、城番は安芸広島藩主の浅野《あさの》綱長《つなが》、大目付の水谷《みずのや》勝信《かつのぶ》、目付の赤井平右衛門、同仁《に》賀保《かほ》孫九郎。さらに竹村惣左衛門ほか二名が代官として美作領内を支配することになっていた。

城の受け取りは、まず、大目付水谷が森家の案内人を先頭に大手口から搦め手まで出て城内の安全を確認した。続いて酒井勢が惣曲輪、二之丸、城下東西大番所を受け取り、松平勢が本丸、二之丸などを受け取った。その後、田村と松平が大手から入り、酒井・水谷が搦め手から入って本丸で落ち合った。本丸御殿表書院で森家家老が領地朱印状・郷村帳を提出し、城の明け渡しは終了した。その後、浅野が入城して城番を開始し、上使等は帰途についた。こうして威容を誇った森家の津山城も明け渡された。

明け渡しの翌朝、幕府目付の宿舎の門に「みまさかは　聞いて強飯《こわいい》　見てお萩となり知らずに　つぶれこそすれ」という落首が貼られていたという。「美作の津山は強いように聞いていたが、来て見るとおはぎのように柔らかい。知らず知らずのうちにつぶれていた」とでも解せよう。

## 改易後の森家家臣

改易された森家家臣団はどうなったか。

明け渡し当日、大目付水谷と上使田村が連名で出した高札《こうさつ》には以下のように書かれていた。

①今回、津山城が召し上げられたことで給人たちの引き払いは今日から三十日以内とする。ただし津山領内に居住したい給人は穿鑿《せんさく》の上、自由に居住してよい。立ち退きたい者に支障なく宿を貸すよう御目付から証文を遣わす。

②喧嘩口論は禁止する。もし違反した場合は双方を誅罰する。万が一加担した者は本人より重い罰を加える。

③竹木を伐採したり、押し売りや狼藉《ろうぜき》したりすることは禁止する。

④家中の武具や諸道具はそれぞれ心のままとする。

⑤家賃に関しては譜代でなければ、主従の相対次第である。

これにより、森家家臣の中で、津山に居住したい者は、吟味の上、居住を許されたこと、立ち退く者には宿を貸すこと、喧嘩・口論が厳しく禁止されたこと、住居のための竹木伐採（あるいは反抗のためか）や家財道具の押し売りや狼藉が禁止されるなど、改易にともなう社会的混乱を防止した。

いずれにしても、森家家臣団にとっては、自らの力で生活を立て直さねばならなくなったことは確かである。

それでも困窮者が多かったため、幕府の許可のもと、知行五百石未満や切米取《きりまいど》りや扶持米取りの者には一五〇日分の御救い米、都合七千三百三十四石が支給された。

その後の家臣団の中には、再興した森家（西江原、のち播磨赤穂）や親戚の二家

（備中新見・播磨三日月）に召し抱えられた者、腕に自信があって浪人となり諸国を回って他藩に仕官した者、縁故をたより帰農した者もいた。さらに森家の後に入部した松平家に召し抱えられた者もいた。また何人かは、城下などで医業を営んだりしたという。

美作全体が幕領となったことから、しばらくは幕府代官が支配していたが、それは、元禄十一年正月に越前松平家当主松平宣富《のぶとみ》が津山藩主となり、五月に封土を受領するまでであった。ただし、松平家が美作全部を領したのではなかった。これらに関しては、後述する。

森家が改易された後、流浪して赤穂藩浅野家に仕官したのが茅野和助《かやのわすけ》と神崎与五郎《かんざきよごろう》である。茅野は、祖父・父が森家に仕え二百石を食んだ。父は森長武に仕えていたが退去し、帰農して河辺村に住んでいたという。同じく神崎与五郎も祖父の代から森家に仕え、黒土村（現・勝田郡勝央町）に帰農したという。二人は、縁あって赤穂浅野家に仕官して間もなく、内匠頭長矩《たくみのかみながのり》の松の大廊下刃傷事件に遭遇し浅野家改易の憂き目にあった。二度目の浪人生活である。そうしたこともあってか、軽輩ながら、吉良上野介義央《きらこうずけのすけよしなか》《よしひさ》打ち取りに参加。綱吉の「生類憐みの令」がはびこる世の中、二度も改易に逢うという理不尽な世の中に失望しての行動だったのかもしれない。茅野と神崎は共に、岡崎藩主水野監物《けんもつ》（忠之《ただゆき》）の三田邸で切腹した。墓所はほかの浪士たちと同様、高輪泉岳寺にある。

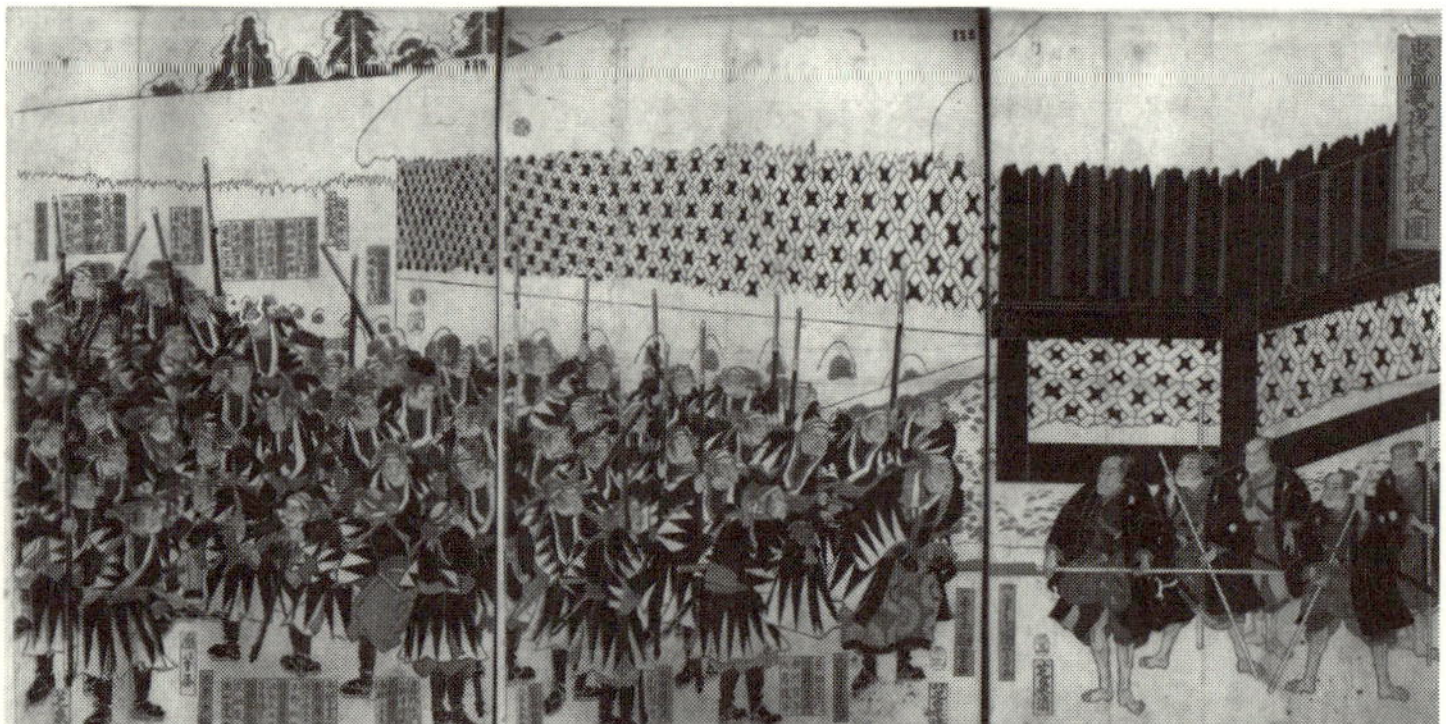

大日本歴史錦絵「忠臣蔵」（国立国会図書館蔵）

なお、市内西寺町愛染寺には神崎の生母「秋月妙清信女」の墓がある。ちなみに、与五郎は後に詳しく述べる箕作《みつくり》阮甫《げんぽ》の曾祖父十兵衛と従弟であったという。

また、赤穂浪人横川《よこかわ》勘平《かんべい》も美作出身で、祖母の父が森家の家臣であった。同じく水野邸で自刃した。討ち入りの赤穂浪人四十六人中三人が津山藩森家の関係者であった。

これも津山

# 津山城下の酒造り

江戸時代中期、元禄十年（一六九七）の森時代末期の記録によると津山城下には九八軒の酒蔵があり、千九百石を超える酒量を醸造していたといわれている。この年は酒蔵の全国調査が行われ全国平均の醸造量が一軒あたり平均三十三石、津山は十九石で、小規模経営だったことがわかる。

八十年ほど経った安永九年（一七八〇）にはわずか一六軒に減少したが、総酒造量は五千六十七石となり、一軒あたりの平均酒造量は約三百十六石と大いに増加した。当時は減封された五万石時代なので、城下町の人数も減少したと思われるが、一人あたりの酒量が増えたといえるのではないだろうか。

また、一軒あたりの酒造量が増加しているのは零細酒蔵が淘汰され、寡占化が進んだためと思われる。

さて、江戸時代は米使いの経済だったので、米価の安定が重要であり、大量に米を用いる酒造は幕府の統制下に置かれていた。飢饉の時などは、酒造米の仕込みを半減や三分の一に制限するなどした。これを酒造制限令という。ただし、長崎だけは、出島や唐人屋敷、丸山・寄合の遊廓で消費するため、酒造制限令の適用外であったという。長崎は酒造特区のようなものだったのだ。ところで豊作の時は、酒造制限が解除され「勝手造り」とされたので、酒造量は大幅に増加した。これにより米価が安定を保つことができた。

ところで、津山の酒はあまり評判がよくなかった。なぜなら酒蔵は濃い原酒を出荷したが、販売店はそれを水で薄めて売っていたからだ。

しかし、寛政八年（一七九六）、城下の和泉屋が売り出した酒は評判がよく、半年ほどで売り切れたという。それも殺菌のための「火入れ」をしなくてもよかったというほどの良酒だったようだ。和泉屋は上方から杜氏を呼び寄せて醸造したとのことで、酒造先進地の上方の製法だったのだ。これが津山酒造における上方先進技術の最初の導入例であるという。

津山で造られた酒は、常設の煮売り屋などで供されたようだが、芝居などがあると小屋掛けの煮売り屋が臨時に造られた。酒が入ると世の常で、夜遅くまで大騒ぎし、不埒であるとお咎めを蒙った例もあった。

なお、酒は藩が決めた統一価格で販売されていた。それを守っているかどうか、藩は時々「忍之買手」を城下の販売店に派遣して、調査していたという。

江戸後期にはあらかじめ仕込み時期の米相場から価格を決めていたようで、名酒、上酒、中酒、下酒、下下酒の五段階に分かれていた。津山藩は領外からの酒が津山に入ってこないようにしていたにもかかわらず、津山の酒は、津山以外の酒よりも質が悪く値段も高いと奉行所が苦言を呈したこともあったようだ。うまい酒を飲みたいのは今も昔も変わらない。

# 第二章 越前松平家の津山藩

家康の子結城秀康を祖とする名家が津山の藩主になった。

# 1 結城秀康・松平忠直から光長へ

森家がお取り潰しとなった後には越前松平家の宣富が入る。越前松平家は、徳川家康の二男として生まれながらも父に疎まれ、豊臣秀吉の養子になるなど、波乱に富んだ人生を歩んだ結城秀康を祖とする。

## 徳川家康の二男結城秀康とは

話は、天正十二年（一五八四）、小牧・長久手の戦いに遡る。

この戦いでは、豊臣秀吉軍に属していた鬼武蔵森長可《ながよし》（津山藩森家初代藩主忠政の兄）が、あえなく討ち死にしたことは前に述べた。秀吉は徳川家康と和睦するにあたって、家康の息子を人質に所望し、家康は当時十一歳の二男秀康を送った。長男信康《のぶやす》は武田勝頼《かつより》との内通を疑われ織田信長によって切腹させられていたので秀康が嫡男であるはずが、当時、五歳の秀忠が嫡男とされた。徳川家の正史では、家康が秀康を生まれる前から疎んじていたことが書かれている。しかし、秀吉の秀と家康の康を名前として併せ持つ秀康が重要な人物であることはいうまでもない。

結城秀康肖像写
（東京大学史料編纂所蔵）

秀康は、天正二年、遠江国宇布見村《うぶみ》（現・浜松市西区）の神職中村家で生まれた。母は万であるが、家康の正室築山殿との関係が良好ではなく、秀康も不遇な少年時代を送らざるを得なかったとされる。秀吉の養子となった秀康は、秀吉の九州平定、小田原平定にも従軍。天正十八年、秀吉は秀康を下総の名族結城《ゆうき》★晴朝《はるとも》の養子としたので結城秀康を名乗ることとなった。これは秀吉が関東に入部した家康に打ち込んだ楔ともいえなくもない。そうした点が父家康に疎まれたという言説

▼結城家
鎌倉時代頃から下野結城郡（現・茨城県結城市）の支配を許された武家の名門。

## 美作津山藩　松平氏の系図

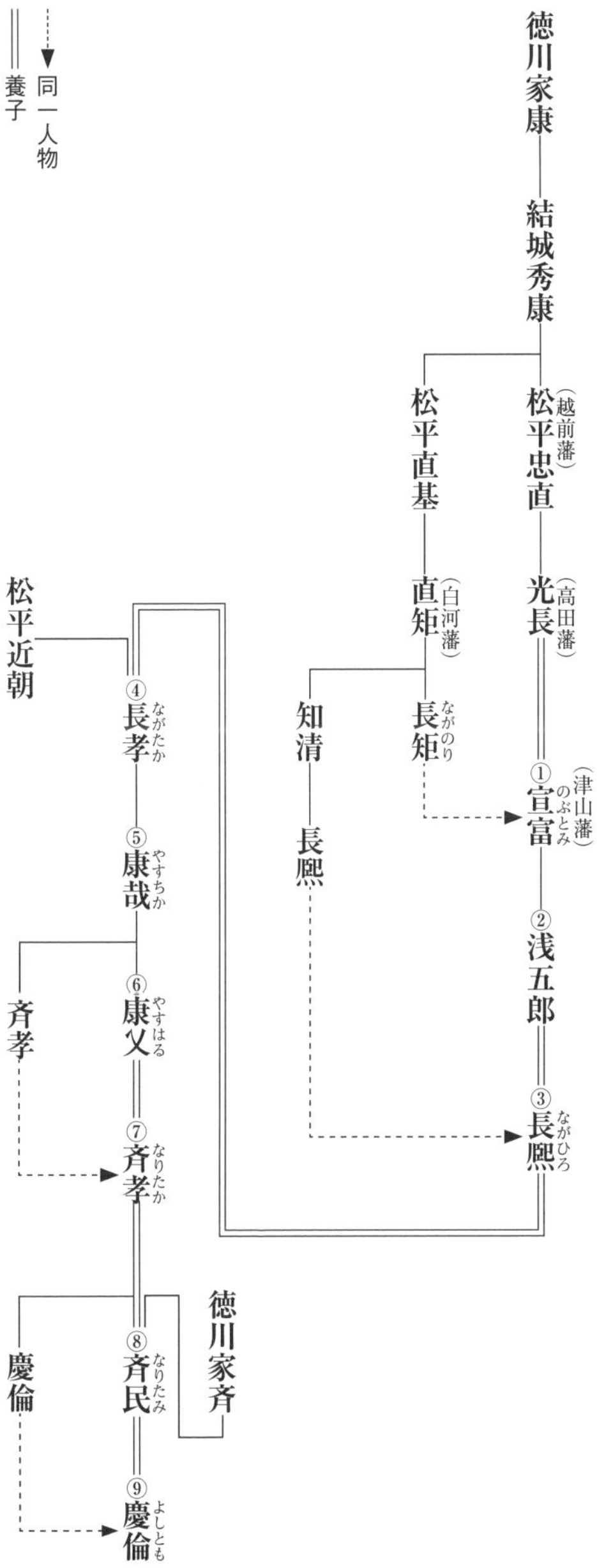

になった可能性がある。秀康にとっても実父と養父の間で苦慮したに違いない。難しい立場であったことは想像にかたくない。

慶長四年（一五九九）には、加藤清正ら七将に殺されかけた石田三成《いしだみつなり》が伏見城内治部《じぶ》曲輪に逃げ込み、家康に助けを求めてきた。その後、三成を居城佐和山《さわやま》まで送り届けたのが秀康である。この事件を仲裁したことで家康の権威は上昇した。それに寄与したのが秀康である。また、翌五年の関ヶ原合戦では小山に布陣して上杉景勝《うえすぎかげかつ》の西上をしっかり抑えた。これらの功により越前北ノ庄《きたのしょう》城六十八万石を賜ったのである。当時徳川家臣団の中で最も多くの石高を有していた。秀康は配下に、万石以上だけでも一一人、知行取が五〇〇人前後いて、多くの武勇者を召し抱えていたといわれている。

ちなみに秀康には男子が六人いた。長男は忠直《ただなお》、二男の忠昌《ただまさ》、三男の直政《なおまさ》、四男は早世、五男の直基《なおもと》、六男の直良《なおよし》である。慶長十二年、秀康が亡くなった時、忠直は十三歳で七十五万石になっていた遺領を相続した。本来、十三歳では七十五万石の相続は難しいが、家康の二男の家系ゆえ優遇されたのであろう。

## 越後騒動の後始末

また、幕府は、越前北ノ庄は「北国枢要の地」であり、「国家鎮護の第一」として秀康家臣団に対して殉死することを禁じ、忠直を盛り立てることを命じた。さらに慶長十四年（一六〇九）、秀忠の三女勝姫との婚姻が決まり、翌々年、勝姫は北ノ庄に輿《こし》入れしてきた。幕府の並々ならぬ扱いである。「越前家」と称される秀康の子孫が「制外の家」★と呼ばれるゆえんである。

しかし、家臣団を二分するお家騒動が起こり、それぞれが江戸に出訴、家康・秀忠の裁可を仰ぐまでの状況になってしまった。そうしたマイナス要因を挽回したのはほかならぬ忠直自身で、慶長二十年の大坂夏の陣で真田信繁《さなだのぶしげ》★を打ち取り、大坂城一番槍の功名を忠直の配下の者がたてたのである。ただ、それが慢心の元になってしまったのか、それとも恩賞の少ないのを不満としたのか、元和七年（一六二一）、領地から関ヶ原まで出てきたが、病と称して国元に戻り江戸へ参勤しなかったのである。翌年も参勤せず、その頃から異常な行動が目立つようになり、酒と色にふけり、明けても暮れても近習《きんじゅ》を手討ちにした。「世の中には平和が到来したのに越前だけは兵乱が起きるかも」と人々は気が気でなかったという。

ついに秀忠も捨て置けず、同九年、忠直を豊後府内《ふない》（大分）に五千石を与えて蟄居《ちっきょ》させた。この半年後、秀忠は家光に将軍職を譲っているので、将来家光の前に立ちはだかりそうな伯父秀康の一族を排除したといえなくもない。越前七十五万石は、忠直の長男光長がわずか九歳で相続したが、さすがに九歳では無理と見て、叔父の松平忠昌（秀康二男）の越後高田二十五万九千石と交換させられた。

▼制外の家
幕府の規制の範囲外の家柄であること。江戸時代後期に、そのような家があったことはにわかに信じがたいが、江戸時代初期には、幕府の制度そのものがまだ整備されておらず、「制外」の例も存在したのでは、と後世に考えられた概念と思われる。

▼真田信繁
真田幸村のこと。

この時、忠昌は福井（北ノ庄改め）五十万石、三男の直政は越前大野五万石、五男の直基は勝山三万石、六男の直良は木本《きもと》二万石と越前領はそれぞれ分知された。

なお忠直の身柄は府内《ふない》（現・大分県大分市）藩主竹中重次《しげつぐ》★が預かった。豊後での忠直はかえって平穏に過ごし、男子二人と女子一人を儲けている。慶安三年（一六五〇）に忠直が五十六歳で亡くなると、越前家の嫡男松平光長は忠直の男子二人（長頼・長良）を家臣永見家に入れ、女子は家老小栗正矩《おぐりまさのり》の室とした。

ところで、越後高田に配された光長は、家臣団を把握することが困難で、筆頭家老小栗正矩に藩政を任せたため、小栗の専横《せんおう》が行われ、藩内の対立抗争が激しくなった。特に光長の嫡子綱賢《つなかた》が病死して、忠直の府内時代の子永見長頼の遺子万徳丸綱国《つなくに》が小栗の支持で跡継ぎとなってから、反小栗派は、忠直のもうひとりの男子長良を擁立し、世に越後騒動と呼ばれる御家騒動を引き起こした。これは将軍綱吉の親裁により、天和元年（一六八一）、光長は領地を没収され、伊予松山に配流（米一万俵を支給された）、綱国も備後福山藩に預けられた。忠直、光長、綱国は親子三代で配流の憂き目に遭っている。なお、近年の御家騒動研究の進展により異論もあると思われるが、ひとまずこのように考えておく。

貞享四年（一六八七）、光長と綱国は赦免《しゃめん》された（以後、一年に米三万俵を幕府より支給された）。光長はすでに七十二歳の高齢になっていた。どういうわけか、光長は綱国を後継者とせず、忠直の弟直基の子直矩《なおのり》（陸奥白河藩主）の三男宣富を

**▼竹中重次**
豊後府内藩主。キリシタンを厳しく取り締まった。先祖は竹中半兵衛。

跡継ぎとした。

元禄十一年（一六九八）正月、宣富は江戸城で将軍綱吉じきじきに「津山城を預ける、十万石を下す」と伝えられた。

先に述べたように、森長成が亡くなり、後継者衆利が発狂、改易となった津山城は、前年十月から幕府目付が監督し、安芸広島の浅野家が城番《じょうばん》★を務め、美作一国は幕府代官が支配していた。宣富は、津山城主で十万石の大名であるが、美作一国を領するとはいえなかった。

## 城受け取りと津山入部

津山藩主となった越前家の松平宣富は、最初に津山へ使者として家臣安井喜多《やすいきた》右衛門《えもん》を遣わし、安井は幕府の目付や代官、城番などと今後の打ち合わせをした。その後、第一陣が津山に到着し、これからやってくる藩士たちの宿割を行った。次に代官所で町方御用の文書や「郷帳」を筆写し、また町方の文書などが藩士たちに移管された。その後城受け取りの儀式の次第を確認し、打ち合わせが行われた。五月二十五日の受け渡し当日は城門、本丸、二之丸、三之丸などの重要施設が引き渡された。なお、城郭内外の侍屋敷や諸門・櫓の鍵等はそれ以前に引き渡されており、城付武具の収納櫓の封印は、松平家のものに変更されていた。それ

▼城番
城主に代わって城を管理する城代を補佐する役目。

を松平家の重臣が内見分して、引き渡し当日に儀式が行われたのである。

江戸時代の社会では、あくまでも城は象徴であり、それを引き渡すことは、儀礼儀式を重視するこの社会では、特に重要な儀式であった。

当日、本丸を受け取る部隊は、安井喜多右衛門を行列惣奉行に、京橋門から入城し、二之丸・三之丸を受け取る部隊は藤本十兵衛を奉行に北口門から入城した。午前七時過ぎから入城を開始し、門や櫓を通過するごとに、在番の浅野家勢に、そこを守衛する松平家の人名を書いた文書を渡し、浅野家勢からも名前書きをその場所で受け取って交代するということを繰り返した。本丸の受け取りが終わると、浅野家勢の責任者が「御本丸は残らず渡しました」と幕府の目付に報告し、安井が「残らず受け取りが済みました」と報告した。二之丸・三之丸も同様で、幕府目付は浅野家勢責任者の同家家老らに完了したことを告げ、「暇《いとま》」が与えられた、浅野家勢は、直ちに広島に向けて帰国のため出発した。松平家の家老・用人《ようにん》が見送りを行い、城の受け取りの儀式が終了した。

その後、領地の受け取りの儀式が本丸御殿で行われた。幕府両目付と代官が正面に座り、家老・用人が対座した。代官から「高書目録」が家老に渡され、家老から「郷帳受取」が提出された。「高書目録」は、十万石の内訳、つまり支配する村々の郡名・石高・村名を書き連ねた「領地目録」である。「郷帳受取」は、入部直後に代官所ですでに写していた郷帳ではあるが、それを改めて受け取った

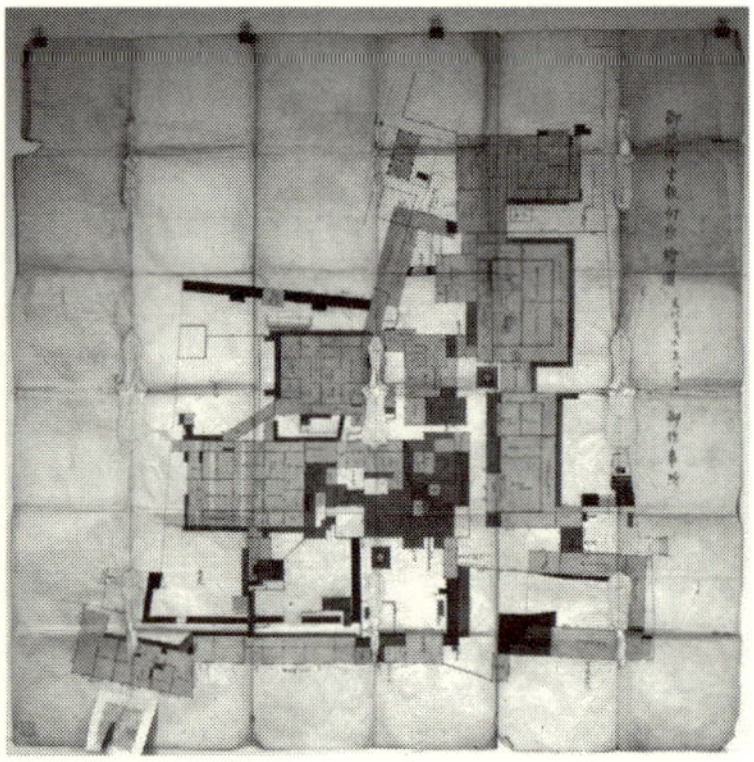

津山城本丸御殿の指図「御城御坐敷向惣絵図」（津山郷土博物館蔵）

という受領証であろう。

この受け取りの儀式が終わると、幕府の目付・代官は退出し、家老・用人は黒《くろ》鉄《がね》門まで見送った。なお、陸路で帰った代官に関しては家臣を国境まで見送らせ、領外に出たことを確認している。最後に、目付・代官・在番の施設を接収し撤去することですべてが終了し、松平家の支配が開始することになった。

翌五月二十六日、家臣団は総登城した。祝儀として酒、赤飯、煮しめが振舞われた。城の受け取りが終わったことを報告する使者が江戸藩邸に着いたのは、五月晦日《みそか》であった。

## 「三河守」「越後守」を独占する「制外の家」

津山に入部した越前松平家は、歴代当主が「三河守《みかわのかみ》」★「越後守《えちごのかみ》」★を名乗り、「制外《せいがい》の家」といわれる。「三河守」は、三河には徳川家康が生まれた岡崎城があり、永禄九年(一五六六)に家康が朝廷から従五位下三河守に叙任されたことに由来するきわめて由緒ある受領名《ずりょうめい》である。天正十二年(一五八四)、秀吉の人質になった直後、結城秀康は三河守に任官され、慶長十年(一六〇五)、秀康の嫡男忠直も三河守になった。こうしたことから三河守は、江戸時代を通じて秀康の嫡流しか名乗ることができない受領名とされ、ほかのすべての大名・旗本が名乗る

▼「三河守」「越後守」
江戸時代の大名等は、朝廷の位や役職を徳川将軍より与えられていた。役職は名目に過ぎないが武家社会ではそれなりの意味があった。

ことを遠慮したのである。忠直の次に三河守を名乗ったのは綱国で、さらに、十一代将軍家斉の子息斉民、その後、斉民の子慶倫《よしとも》も三河守を名乗った。おなじく、越前家嫡流にのみ許されたとされるのが「越後守」であった。こちらは光長以降、宣富、長熙《ながひろ》、長孝、康哉《やすなり》、康乂《やすはる》、斉孝と津山藩の歴代藩主が名乗った。

三河守のほうが由緒があったと考えられていたようであるが、綱国以降、斉民までは名乗っていない。越後守は江戸時代初期、越後高田六十万石を領した、家康の六男松平忠輝《ただてる》にちなむと思われ、越前家光長も二十五万石ながら高田に入部したことに由来すると思われる。

また、「制外の家」は、やはり結城秀康が、将軍秀忠の兄であることから、秀忠も遠慮するほど格式が高く、幕府制度の適用を受けないほどの例外的な家という意味である。もちろん秀康が、将軍秀忠をしのぐほどの権力があったとは考えられないが、中山道横川の関所で鉄砲所持をとがめられた秀康が発砲を命じて関所役人を追い払い、報告を受けた秀忠も「秀康公に殺されないでよかったではないか」といってそれ以上追及しなかったなどのエピソードが語るところは、将軍家も一目置く家柄ということである。もちろん越前家も将軍家の家臣であることにかわりはないであろう。それゆえ、秀康の嫡子忠直の時代、実際には幕府からさまざまな圧力があり、それに屈したが、江戸時代を通じて他家に抜きんでて格式が高いという意識が内外にあったといえる。忠直にはそうした思いが濃厚にあったと思われ、叔父であり義父でもあった秀忠に対してことさら反抗的な態度をとってしまったのであろう。身内に対する甘えといえなくもない。

嫡流光長が幼少のため叔父忠昌と領地の交換を命じられ、さらに越後騒動で改易となり、それでも再興したことで、本家筋を主張することは十分可能であった。

それゆえ、津山松平家は越前嫡流とはいえ、越前福井松平が本家、美作津山松平は嫡家と称していた。

その後、津山藩は五万石に削減されるが、のち将軍家斉の子斉民を迎え十万石に返り咲き、正四位上中将まで昇ることで福井本家に近い格式をもつに到ったのである。斉民を迎えたのは、田安《ややす》家出身の慶永《よしなが》（春嶽《しゅんがく》）を迎え入れた越前福井家に対抗する意味もあったのだろう。要するに御三家、御三卿《ごさんきょう》★につぐ、あるいは本来は御三家、御三卿以上、あるいは世が世なら将軍になれたかもしれないが、人質として秀吉の養子になったばかりに結城家の養子となって今の地位に甘んじているという思いが越前松平津山家の上下にはあったのではないだろうか。それが、ある意味原動力となって、津山松平藩を学問の藩、蘭学・洋学の藩に押し上げたのだと思うのだが、このことは以下で述べていきたいと思う。

**▼御三卿**
八代将軍徳川吉宗の子と孫によってつくられた、田安家、一橋家、清水家を指す。徳川家に候補者がいない場合には将軍を出すが、御三家のような大名ではなかった。要するに将軍家に最も親しい、身内であるが、独立した大名ではない。家臣も旗本があてられた。

# ② 越前松平家の津山藩政

白河藩主の三男として生まれ、津山藩主となった松平宣富。
藩主になった早々、高倉騒動と呼ばれる一揆が勃発する。
その上、江戸屋敷も消失するというトラブル続きのスタートを切ることとなった。

## 宣富の時代

松平宣富《のぶとみ》は、延宝八年（一六八〇）に白河藩主松平直矩《なおのり》の三男として江戸に生まれた。直矩は忠直の弟直基の子で、越前家始祖の結城秀康の孫にあたる。同じく秀康の孫光長の養子に迎えられたのが宣富である。元禄十年（一六九七）に家督を相続、同十一年、津山城および城付十万石を与えられた。藩主在職は二十三年で、家臣団の整備、町方・在方支配体制の再構築などに見るべきものがあった。しかし、入部早々高倉騒動★が起こり在方支配の在り方が問われた。

高倉騒動とは、首謀者大庄屋三郎右衛門の住む高倉村の名前を冠した村方騒動である。森家が改易となり、約一年幕府直轄領になった津山領の村々は、直轄領ゆえの年貢の軽さを経験してしまい、過酷な大名領の年貢に戸惑い騒動となった

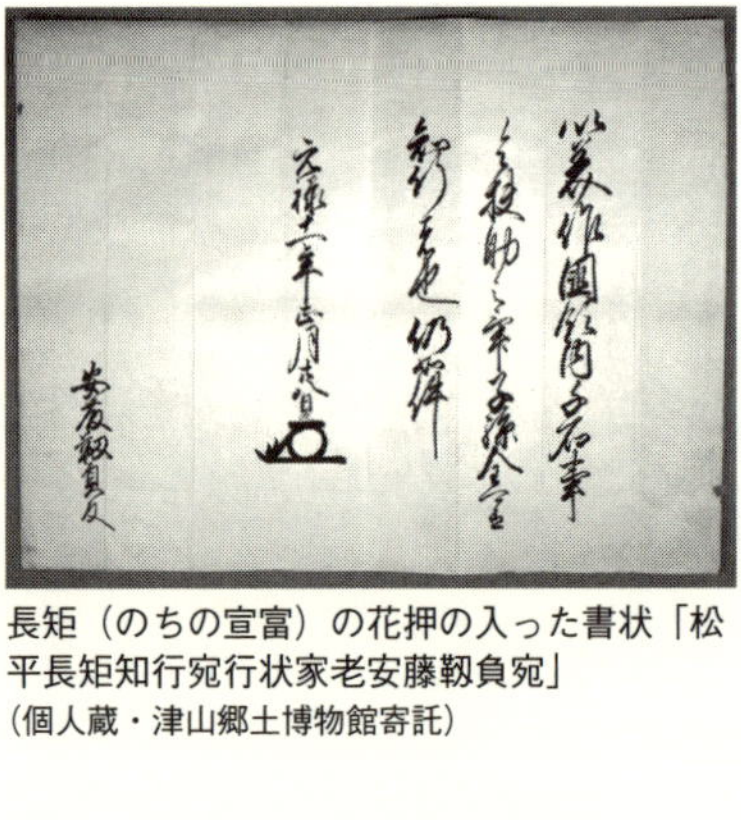

長矩（のちの宣富）の花押の入った書状「松平長矩知行宛行状家老安藤靭負宛」
（個人蔵・津山郷土博物館寄託）

▼**高倉騒動**
元禄十年（一六九八）に起きた一揆。年貢を減らしてほしいと申し出て一度はみとめられるが、のちに中心人物たちが、処分された。

のである。百姓たちの願いはいったんは聞き届けられた。だが、藩当局は首謀者三郎右衛門ほか七人を捕縛し斬罪《ざんざい》に処した。森家は中野の犬小屋建設などで財政が逼迫しており、百姓に七公三民という重税を課していた。その後、幕府直轄時には五公五民となり、松平氏が入部して六公四民と税が重くなった。藩当局は統治をはじめたばかりでもあり、より厳しく対応したものと思われる。村落の秩序の中で行われた騒動であるが、大庄屋の中に百姓側に付くものと藩当局に付く者があり、藩当局は結果的に百姓側に付いた大庄屋を排除することができたのである。

この年、江戸屋敷が類焼。再建費用を捻出するため同十三年から二カ年間、家臣からの借り上げを行った。主家のために収入の一部を提供することは軍役ともみなせるが、反面、藩主や重臣・上層家臣への不信と綱紀の緩みといったモラルの低下が起きることは世の常である。元禄十六年、家老小須賀《こすが》帯刀《たてわき》とその子一学が、「仕置きの仕方がよくないので、家中すべてに恨まれている。昨年わがままな願いを出した。近年行跡がよろしくない」との理由で免職・他家御預けになった。この件で連座する者が五〇人におよんだという。処罰された者たちは、主に光長が伊予松山に流罪《るざい》となった際の随行者とその継嗣たちであることから、政敵からターゲットにされたとも考えられる。いずれにしても、にわかに十万石を得たことから、譜代・古参の家臣団に、多くの新参者が加わり、その上、財政多難な折から、家臣団内部の対立を利用して、家臣団を引き締めようとしたための処罰であったように思われる。

## 宣富の死

正徳六年（一七一六）には二人の津山藩町奉行が、「町人の振る舞いに出かけ、役目筋にない者を同道し、長く居座り、大酒を飲み、慎まないやり方」は不届きとして遠慮を命じられた。享保五年（一七二〇）には勝手方家老が、宣富の思し召しにかなわなかったとして罷免され、自刃した。わいろや支配地域の庶民に金銭を強要し、町人との癒着などが問題とされたと思われる。結局、徹底した吟味は行われず、比較的軽い処罰で事件を収束させている。おそらく本人が自刃していること、また一罰百戒の意味で、家臣団の引き締めを狙ったものと思われる。

翌享保六年、宣富は四十二歳で死去。遺跡《ゆいせき》はわずか六歳の浅五郎が継いだが、享保十一年十一月死去した。幕府は、越前家という由緒ある家柄を考慮して、初代藩主宣富の弟知清の三男長熙九歳を藩主に迎えさせた。ただし、幼少のため封は半分の五万石とした。この年の暮れから山中騒動が勃発した。

③

# 相次ぐ農民騒動と津山藩

森家お取り潰しの後、幕府直轄領となった津山。幕府直轄領時代は年貢が安く、松平家の支配となって高くなったことを不服とし、騒動が起こる。騒動はいったん鎮静化するが、再び激化・拡大していった。

## 騒動の発端

山中《さんちゅう》騒動は、美作西北部の山中地方、つまり大庭・真島両郡を中心に起こったため、この名がある。

この地方は、正徳元年（一七一一）に大地震があって二五〇軒以上が倒壊した。同三年九月には時期外れの大雪に見舞われ、享保元年（一七一六）の飢餓人は一万二〇〇〇人を数えたという。また、貧しい農民は、富農から高利の借金を重ね、貧しい者はますます貧しく、富む者はますます富んで、社会的格差が拡大していった。

享保十年、幕府は津山藩に国目付を派遣し、五月から十一月まで藩内を限なく見分。その詳細は不明ながら、国目付に同道した藩の勘定奉行と代官が、翌十一

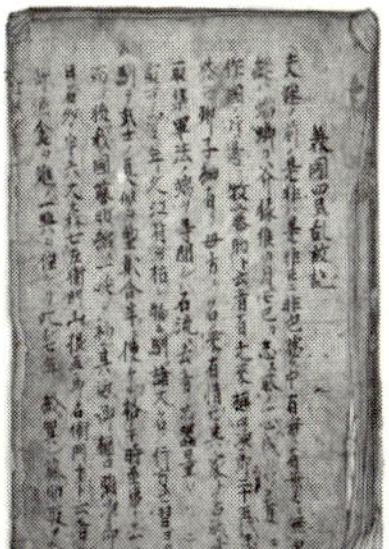

山中騒動の記録「美国四民乱放記」
（津山郷土博物館蔵）

年起きた山中騒動に深く関与したようである。

享保十一年九月、藩財政悪化のため藩士の知行の半分が借り上げられることになった（半知借上げ）。また、同時に年貢収納の貫徹が指示された。責任者として、国目付同道の勘定奉行郡代兼帯の久保新平《くぼしんぺい》が「在中惣呑込《ざいちゅうそうのみこみ》」となり、国目付同道の代官たちがその配下に属した。

久保は幕府の坊主★出身ともいわれ、御蔵奉行、勘定奉行、大目付格と破格の出世をしてきた。八代将軍吉宗の意を受けた国目付と幕府の坊主出身の久保、国目付に同道し、指導を受けた代官たち。ここには吉宗の影がちらつく。また、国目付が駐在していた時、幕府代官所支配の村人三〇〇人が旱魃《かんばつ》による減収を国目付に訴えようとしたこともあり、不穏な雰囲気が美作にはあった。

年貢収納日の十一月十五日を目前に控えた、十一月十一日、藩主浅五郎が江戸で死去し、十八日、津山にその知らせが届いた。十八日には江戸で長熙の相続と五万石の減封が決定し、二十三日、津山に伝えられた。

この知らせを受けた山中地方では、五万石減封の該当が山中地域で、津山藩領ではなくなるという噂が広がり、すでに納入した年貢米の行方が注目された。藩の米切手も通用しなくなった。津山城や在中警備も通常の警備に幾分強まった程度だったが、領国全体が異常な状態だったため、噂が噂を呼び、二十日には二人の大庄屋が自分の年貢米を持ち出したことから、一般の農民も騒ぎ出す。この大

▼坊主
ここでは、江戸城内で僧形で茶の給仕など雑務を務めた者のこと。

庄屋は藩当局から呼び出しを受け城下に入ったものの姿をくらました。

十二月に入って一時沈静化したように見えたが、さにあらず、山中地方では三〇〇〇〜四〇〇〇人の農民が、鎌や鉞《まさかり》などで武装して、久世に結集し、津山城下で訴訟するとの情報が入った。藩は城下を固め、久世に郡代や藩士を派遣。久世に集合していた農民たちは、郡代到着以前に大庄屋等の屋敷を打ち毀《こわ》し、大坂登《のぼ》せ米★を差し押さえた。

郡代と農民側との交渉では、農民側は、本年の年貢は八六パーセントは収めたので残り一四パーセントは免除してほしい、大豆や山での稼ぎに対して課せられる山年貢、諸運上金も免除してほしい、村役人を罷免してほしいなど要求し、おおむね認められた。

▼大坂登せ米
大坂堂島の米相場にて換金するために送る米のこと。

## 騒動の大きすぎる代償

この騒動の中で、勘定奉行久保は罷免され、他家預けとなった。だが、いったん鎮静化した騒動は加茂地方に拡大し、二〇〇〇人の農民が一宮（現・津山市一宮）に結集した。農民たちの要求は、鉄砲運上や表年貢の免除にまでエスカレートした。さらに、騒動は吉井川筋にも飛び火した。藩は手当を支給することで、鎮静化を図ったが、いったん収まった西筋が、ふたたび騒ぎ出し、大庄屋の帳面引き渡しを要求してきた。藩は、逮捕も辞さない構えで対抗し、また、藩領から切り離される可能性のある山中地方への対応を幕府に報告した。津山藩としては迅速かつ適切な対応が幕府から求められ、評定が行われた。その結果、騒動を主導した農民を盗賊として処断することとし、死罪や打ち捨ても視野に入れ、目付を同行させることとした。派遣された藩兵は、次々に農民を見せしめのため逮捕したが、藩当局は幕府に百姓一揆とみなされることをおそれ鉄砲は使用しなかった。しかしながら逮捕者を打ち首や串刺し、晒《さらし》にして鎮静化を図った。藩の強硬姿勢に農民から詫び証文が出され、藩は、津山城下でも首謀者を処刑し、農民側は全面的に敗北した。逮捕者一四七人、うち処刑された者五一人であった。

また藩当局は、他家預りとなっていた久保新平を「下々の難儀を考えなかったやり方で農民が騒動を起こした」「知恵が足りない」「江戸での津山藩の評判がはなはだよろしくないことになってしまった」が、「殿様の御憐みにより」として「追放」を命じた。久保の従者には「永暇《ながのいとま》」で金五両を支給し、藩としては久保にすべての責任を押し付けて問題の解決を図ったのである。

しかし、久保が元幕府の坊主であり、吉宗が派遣した国目付と一味同心であったように思われること、また判決文が「下々の難儀を考えな」いやり方だという批判がましい言説は、吉宗の緊縮政策への当てこすりのような気もしないではないが、少し深読みしすぎかもしれない。

藩主が代わった代替わりの社会不安と、幕府の強力な支援のもと、年貢収納の強化、藩領から幕府領になる期待感が、新たな世への期待をもたせ、生活苦の元凶になっている年貢の免除と、年貢を付加し農民の生活をも支配する大庄屋等中間層の排除を目指した百姓一揆は、強硬な藩当局によって鎮圧された。その藩当局も当然幕府には逆らえず、むしろ幕府のもとで生きていかねばならないということを否が応でも実感させられたのが、山中騒動だった。

騒動後、津山藩では五万石の引き渡しが行われ、家臣団の削減も行うことになった。

享保十六年（一七三一）には長熙が従四位下越後守に任官した祝儀で出費がかさみ、家臣への借り上げが行われ、藩財政は誠に苦しい状況にあった。そうした中、長熙が享保二十年に死去し、出雲広瀬藩主松平（秀康の三男松平直政の二男近栄家）近朝《ちかとも》の三男長孝《ながたか》が、松江藩主松平（直政家）宣維《のぶずみ》の二男として遺跡を相続した。

長孝の家督相続から、四年目、山中騒動から十三年後の元文四年（一七三九）、ふたたび美作に「元文騒動」とよばれる百姓一揆が起きた。この騒動の舞台となったのは津山藩領ではないが、津山藩士が出兵して鎮圧し、また文政八年（一八二五）および慶応二年（一八六六）に津山藩で起きた騒動と関係があることから、簡単に述べておきたい。

美作国内の孝子を記録した「美作孝民記」（津山郷土博物館蔵）

## その他の一揆

この時期は全国的に一揆の多かった時期でもあった。元文四年（一七三九）正月すぎ、津山南部の山間部の百姓が、福渡（現・岡山市北区建部町福渡）や建部（現・岡山市北区建部町建部）など旭川船着き場がある裕福そうな場所に「袖乞」（物乞い）にやって来た。やがて袖乞の数が次第に増え、拡大していったのである。その数一三〇〇人といわれる。年貢上納期日の延期および夫食《ふじき》（日常の食糧）拝借の願いを聞いてくれなければ、備前や江戸に行き、訴えると脅した。幕府代官は一応願いを聞き届け、解散させたが、村々に廻状が回り、袖乞が始まった。

代官が年貢上納日を延期して、いったんは騒動が収まった。ところが、今度は奈義《なぎ》山麓に広がる横仙地方で、袖乞よりも強く施しを強要する押乞（強請《ごうそ》）が始まった。代官所に三〇〇〇人が集結したという。首謀者は因幡鳥取藩で起きた一揆に参加して味を占め、横仙でも行ったらしい。最初は富農の家に押し入り、押乞をしていたが、次第に幕府の代官と敵対するようになったため、代官から津山藩に出兵依頼が来た。

津山藩では評議の末、三隊、総勢九〇人を派遣した。最初は空砲で脅したが、ひるまないので、実弾が当たらないように発射して威嚇《いかく》し、袖乞を鎮圧した。この騒動の処罰者は五九八人、うち死罪二人、重追放一人、国追放二四人、所払い三人、村払い一人、庄屋役取り上げ七人、庄屋叱り七人、小前急度《こまえきっと》叱り五五三人。処罰者のうち九割以上が叱りである。

この騒動は、単なる物乞いではなく、要求をもった百姓一揆であり、かつ非人の姿をして物乞いをする形態をとっていた。この非人は、年貢を納めることができず、一家離散した没落農民などが、人別改め帳から外されて非人となった者で、定住せず物乞いをして日々を送る非人である。これを「野非人」と称した。もちろん前期の騒動は、非人の体をして本百姓や小百姓が一揆を行ったものであるが、文政・慶応の騒動にもこうした非人体によるやり方が踏襲《とうしゅう》されていくことから、非人を装うことで、一揆が終わった後の処罰が軽くなることを見越しての行動形態と思われる。

4

# 長孝の「宝暦改革」

津山松平家は幼少の藩主がつづいたため、十万石から五万石に削減されてしまった。そのため今まで通りでは藩政を行うことができなくなり、藩主長孝は、佐々木左衛門を登用して改革に乗り出した。

## 長孝の改革政治

四代藩主長孝は、在職二十七年。前半には前述した元文騒動があり、後半は、臨時に任用された佐々木兵左衛門の財政再建、宝暦改革の時期であった。佐々木は長孝の信頼が厚く、長孝の初入国に江戸から従い、「御勝手惣呑込《おかってそうのみこみ》」となって財政再建に邁進した。改革の手法としては、年貢増徴や借米、役米の半減しかなく、また倹約、作法の順守などといった理念的な改革が中心だった。いよいよ財政が逼迫してどうにもならなくなった宝暦八年（一七五八）、佐々木三郎右衛門の「宝暦改革」が始まった。

三郎右衛門は、義父左京が京都の公家九条家★の家臣で、左京の娘が津山藩江戸留守居岡村多仲の息子要助の妻であったことから、津山藩に任用されたと考えら

▼九条家
藤原道長の流れをくむ公家で、天皇の補佐をする摂政や関白に任じられる者も多かった。

れる。「惣呑込」は享保期（一七一六～一七三六）に久保新平も就任した臨時の役職の名称であった。三郎右衛門は江戸で召し出され、知行五百石、大番頭格であったが、改革を主導するため「御勝手向惣請込」、役料二〇〇俵、用人格となった。三郎右衛門に遅れて義父左京も津山入りし、丁重な接待を受けている。

## 人事の刷新

改革は人事刷新から始まった。大番頭、大目付、中奥《なかおく》目付、勘定奉行、町奉行、代官などの主要役職で更迭・補充が行われた。その上で「新法変格」の施策もあり得るから通達違反が無いように、もし違反したら処罰すると異例の通達が出された。また、侍屋敷の中に「会所」が設けられ、そこに郡代所の帳簿類も集められ、執務が行われた。

次に、一〇人の大庄屋が呼び出され、さらに中庄屋も呼び出され、両役とも役儀を取り上げ平百姓に落とされて入牢、代官の下役も入牢を命じられた。

そして藩は五三七九両余の借金証文を、大庄屋居住の村役人に署名・捺印させた。担保は惣百姓の家や土蔵等であった。宛名は江戸桧物町山本村右衛門で、山本から、惣百姓の家や土蔵等を担保に上記金額を借用する内容である。また、領内諸村の年貢関係帳簿を会所へ提出するよう命じた。

大・中庄屋の入牢は、彼らがおごって農業をおろそかにし、身分不相応な借金をしていることに対しての処置だったといわれている。また、彼らが、出役してきた代官下役に対してなかなか言うことを聞かないこともあり、この際、罰を与えて役人たちの言うことを聞かせるように仕向け、一気に解決しようとしたのだと思われる。

また、借金証文については、三郎右衛門は、藩の借財返済を惣百姓に転嫁しようとしたのであろう。ただし、江戸の山本村右衛門が、実際に惣百姓の家や土蔵を担保として利用するかといえばそうではないだろう。三郎右衛門は、藩と惣百姓を運命共同体としようとしたのではないかと思う。もちろん、山本に実態があればの話である。借金取り立ての猶予を引き出すための方便ともとれるが、はたしてどうだろうか。

結局、入牢の大・中庄屋への嘆願書が村方から出され、出牢を余儀なくさせられた。ただ、この改革によって宝暦九年（一七五九）の年貢は、五万石に減封になった年の水準を上回る年貢収納になった。

## 町方の改革

町方にも改革が行われた。特に重要な点は、諸吟味役の設置である。この役は、宗門改めや民事の紛争等すべての「町用」に関して改める事を職務とし、諸願、そのほかすべてのことの評議に立ち会うとされた。これまで、森家以来の大商人である大年寄三人だけで行われてきた町政に、大商人であるが新興商人四人が加わって大年寄の専権を掣肘《せいちゅう》する役目を保障されたものである。それらの下に各町の町年寄がいて町政を支えていた。

改革の一環として、宝暦九年（一七五九）四月にはそれまで座に参加していなければ商売ができなかった、紅座、生綿実座、晒蠟座、醤油座、繰綿筵座、塩問屋、魚問屋、生灰石灰座の八座が停止され、自由売買と他国商人の商売が保障された。これは従来、大年寄がこれらの座を支配していたから、大年寄の既得権益の縮小に繋がった。また、座にはなっていなかったが、既得権益をもつ者たちで商売が成り立っていた、鉄・木地・油粕・古鉄・鍋釜・煙草・漆実・瓦・黄柏《おうばく》・紅殻《べんがら》（弁柄）・玉子も運上金を支払えば自由に取り引きできるようになった。

この改革により、これまでの閉鎖的な津山城下の商売が、少し解放された。

しかし、改革推進者の佐々木三郎右衛門と佐々木九郎左衛門（三郎右衛門の伯父）は、大坂や江戸で債務交渉に出かけて、津山を留守にすることが多かったようである。二人は、九条家の名を借りて、新たな借財先を開拓することが主な仕事であったとされている。

宝暦十一年、九郎左衛門は突然罷免・遠慮を命じられた。さらに三郎右衛門も

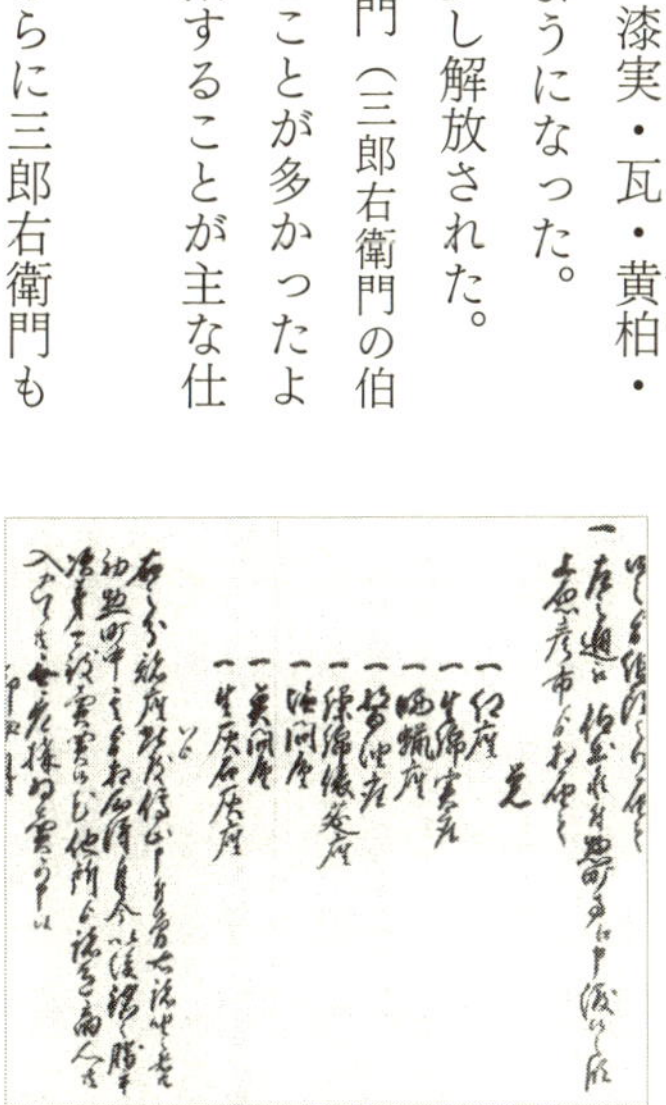

宝暦９年４月22日の記録「国元日記」
（津山郷土博物館蔵）

味噌屋看板
（個人蔵・津山郷土博物館寄託）

左京も藩財政から手を引くことになった。九郎左衛門は翌年、永の暇を与えられ、津山を去ったが、三郎右衛門は安永四年（一七七五）まで五百石用人格にとどまっていた。その後、九条家家臣の左京の跡目を継ぐため津山を去った。九郎左衛門が罷免されると同時に入牢を命じられていた大中庄屋は出牢して帰宅。こうして宝暦の改革はとん挫し、改革の中身は徐々に元の制度に戻って行ったのである。ただし、町政の諸吟味役だけは必要な制度とみえて、幕末まで存続した。

三郎右衛門に改革を依頼した長孝は、宝暦十二年、三十八歳で死去した。跡は長孝の二男康哉《やすちか》が相続した。

これも津山

# 津山のだんじり

だんじりとは祭りの時の屋台などを指し、主に西日本で使われている。津山でも、徳守神社や大隅神社などのお祭りでだんじりが登場する。大隅神社と徳守神社のお祭りを「御城下の祭り」と呼んでいた。

さて、このふたつのお祭りであるが、藩政時代には、かなり荒々しい祭りであったと言う。神輿太鼓やだんじりの引き手が酔って暴れたり、喧嘩したりするなどトラブルが多かった。また、神輿の担ぎ手が定員を超えて集まり暴れながら走りまわるという事態も発生した。

例えば、城下町東部の林田六町の大隅神社の場合であるが、文政十二年（一八二九）、神輿の担ぎ手が暴れないように町奉行所から警護の役人を増員して対処した。しかし、それだけでは収まらなかったと見え、嘉永年間には、栄屋与惣左衛門や油屋清左衛門といった町役人を務める家の格子に神輿の棒を突き立てるなどの目に余る行為があったと言う。

これは、新しい神輿を作ったことが原因だったようだ。新しい神輿は大きく、いつもの八人から一〇人では担げないほどであった。そのために決められた人数だけでは担ぐことができずに、見物人の中から手伝いに加わる人が出てきて混乱が生じ、家に突っ込むという事態になったようだ。その後、林田町では銀札百匁で二八人の担ぎ手を雇い入れ、担ぎ手に浅黄色の頭巾をかぶせ、頭巾のない者には神輿を担がせないようにしたと言う。

一方、城下町西部の宮脇町五番地の徳守神社は、津山の城下町の総鎮守として栄えた。しかし、この神社の神輿は城下町の氏子ではなく、神田村（現在の小田中）の村人たちが担ぐことになっていた。慶長九年（一六〇四）、時の藩主森忠政が神田村のうち、七十石を寄進したのが、藩主との結びつきの始まりとされている。

遅くとも江戸時代の後半にはこのしきたりが定着したと考えられる。だが、氏子たちは自分たちの神社の神輿を自らの手で担げないことを不満に思っていたと言う。

天保五年（一八三四）の九月の祭礼で、担ぎ出された神輿が安岡町に差しかかった時に大きくバランスを崩し、大坂屋市左衛門と大坂屋新八郎の両家にぶつかり、格子を破壊してしまった。

この時の神田村の者たちは「徳守神社の祭礼では、神輿は神田村の者が担ぐことになっている。しかし、安岡町に差しかかったところで、町人たちが押しかけて来て、押し合った結果、大坂屋の格子を壊してしまった」と言い、翌日には村役人たちが大坂屋に出向いて詫びた。

翌天保六年の祭りの時には、神田村の者たちは改めて徳守神社を担ぐのは自分たちで、ほかの者たちが手を出さないように取り締まってほしいと願い出ており、町奉行所では、決められた者以外の者が神輿を担がないようにと触書を出している。

**これも津山**

# 津山城下の関貫《かんぬき》

江戸時代、城下町では、治安維持のため木戸と番所が設けられていた。城下町であった江戸でも木戸が設けられており、木戸のあった場所は、四谷大木戸などの名称が残っている。

津山では、森家時代の延宝六年（一六七八）に宮川大橋西詰めと翁橋東橋の二カ所に設置された。津山では番所のことを大番所といった。建物の内部には白洲が設けられ、屋根には櫓が載っていた。また、突棒、袖がらみ、さす股という捕り方三道具が備えられていた。

ここは、津山城下に出入りする者の関門で、万が一敵が攻めてきた時に防禦の役割を果たしていた。慶応二年（一八六六）の騒動の際には農民たちが城下へ流入しようとするのをここで防ごうとしている（ただし実際には破られた）。建物の前には制札場が設けられ、城下に入る者は、これを読んでから中に入るようになっていた。

関貫は、各町の境に設けられた木戸で、元禄十年（一六九七）に森家の町奉行が幕府の代官に提出した「美作津山家数役付惣町竪横関貫橋改帳」によれば、五四カ所あったという。その後、享保十年（一七二五）に一カ所減り、天明元年（一七八一）には六カ所新しく設置している。なお、文化五年（一八〇八）の記録では、不要となった関貫を取り除いたとあり、明治になって撤去された時には三八カ所しか残っていなかった。

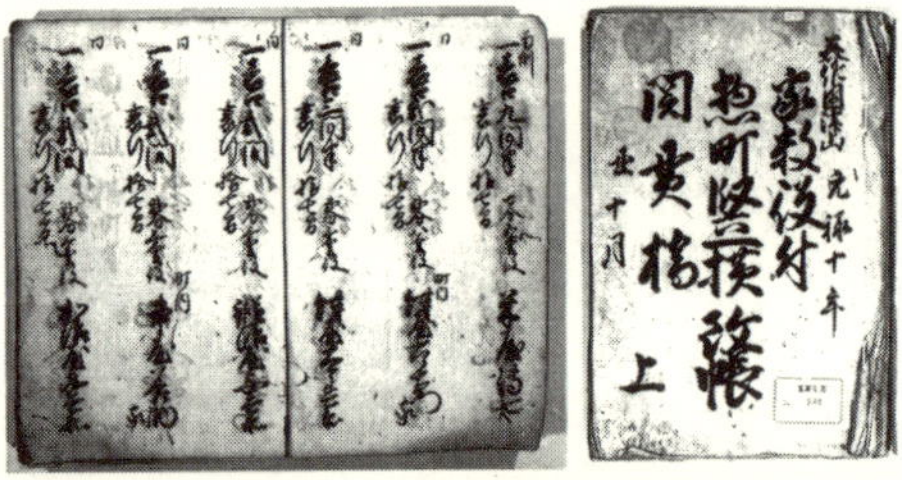

「美作国津山家数役付・惣町竪横・関貫橋改帳元禄10年10月」
（津山郷土博物館蔵）

関貫には管理する番人がいた。番人の役割は、明六ツ時（午前六時頃）に関貫の大扉を開き、暮六ツ時（午後六時頃）に大扉を閉める。大扉を閉めた後は、脇のくぐり戸（小門）から人を通す。九ツ時（午前零時頃）以降は小門も閉じて誰も通さなかった。不審な者が通りかかった時には留め置き、大年寄に通達する。馬や駕籠で通行する者の荷物の中に不審なものがあれば注意する、火事や、盗賊、狼藉者などがあれば、拍子木を打ち鳴らして知らせる、以上のことに違反して通行しようとする者がいれば知らせることなどであった。

関貫の修復料と番人の賃金は安永九年（一七八〇）までは各町が銘々に負担していたが、その後は諸吟味役が総町から集めるようになった。

# 第三章 藩政の刷新と挫折、そして新展開

松平康哉が始めた新政は失敗に終るが……。

# ①　康哉の「新政」

長孝の三男康哉は、父の死のあと、若くして藩主となった。二十歳の時、「更張新政」という言葉を掲げて、改革に着手する。しかし、ことはうまく運ばず、打ち毀しが起きてしまった。

## 満を持してのスタート

五代藩主康哉《やすちか》が遺跡相続したのは十一歳の時であったから、すぐに改革政治を始めたわけではない。機が熟した明和八年（一七七一）、二十歳の時、「更張《こうちょう》新政」という言葉を掲げて改革を始めたのである。「更張」は琴の糸を張り直す、つまり今まで緩んでいたことを改め良くするということで、新政を修飾する言葉である。今までのことを改める新しい政治という意味であろう。康哉の並々ならぬ決意を感じる言葉だ。康哉の側近に居たのは二人の儒者で、大村荘助《おおむらそうすけ》と飯室荘《いいむろそう》左衛門《ざえもん》である。

大村は、肥後熊本藩士大村源内の三男で、明和元年、四十歳の時、藩主康哉が十三歳の時に津山藩に仕官した。大村は康哉の教育や家中の学問の世話を命じられ、津山城下で町人や百姓にも講義した。明和八年、康哉の改革政治開始時には格式小姓組御側勤に飯室と共に任命された。さらに大村は郡代や詮議方にも就任したが、前者は一年、後者は二カ月と概して短い。寛政元年（一七八九）の死去まで藩士や庶民に儒学を講じた。藩内学問興隆に尽力したということができる。津山で著名な蘭学者箕《み》作《つくり》阮甫《げんぽ》の妻とい（登井）の父大村良夫は、荘助の息子であるからといは荘助の孫である。

飯室は明和四年津山藩士となったといわれるが、出自は分からない。明和八年、大村と共に格式小姓組御側勤、翌安永元年（一七七二）、奥御用取次となり新政の諮問に与かった。江戸で評判の学者でもあったが、寛政三年（一七九一）に死去した。

## 大村荘助の改革案

改革の具体的紹介の前に、まず、津山藩に対する大村の意見から聞いてみよう。大村は津山藩が未だ入部した時のままで、基本がなっていないことだけが残念だという。そのために藩主は小事に関わることなく学問をすべきで、政治はもちろん家老以下に任せ、道理にかなわないことがあれば正せばよいとする。そして、①変わらない国法のため記録の整備をせよという。また②才能ある人材の登用

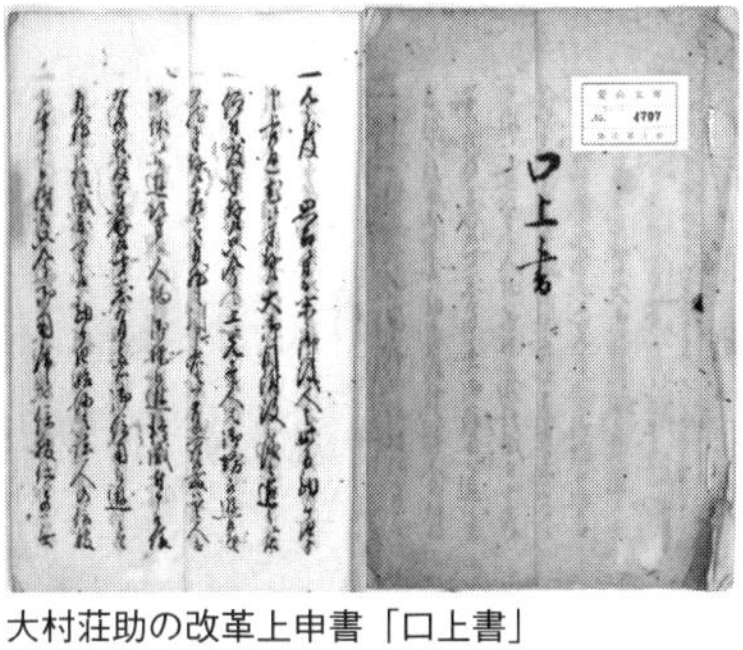


大村荘助の改革上申書「口上書」
（津山郷土博物館蔵）

と③大目付の職務権限の拡大の三点を献策する。

①は各役所の記録をきちんと整備し、ほかの役所にも配布することを提案する。あるいは先例を調査する記録役所を設置したらどうかという。現代でいうところの公文書館設立提案だ。現在津山に残っている諸日記（国元日記、江戸日記、勘定奉行日記、郡代日記、町奉行日記、留守居方日記、右筆日記等）の中には大村の提案によって編集・整備されたものもあるといわれている。また「御家御定書」「御定書」「郷中御条目」などの法令・前例集編纂も大村提案を受けてのものだという。

②と③は連動していて、才能ある者を大目付に採用して、大目付の権限を拡大するという提案である。月番★の家老・年寄・大目付が藩政の権限を握る御用席制度は固定化していて問題があるので改革すべきとし、それには大目付の権限拡大しかないと考えている。財政問題では、家臣の困窮が志の卑屈に繋がり、志が卑屈になると役人が信用されず、藩上層部も信頼されない。外聞を捨てて日常生活を徹底的に倹約するしか道はない。飯室も、藩財政の予算化と臨時費一万両を蓄えるため倹約を奨励。また、大村は殖産興業を提案し、特に養蚕を奨励した。

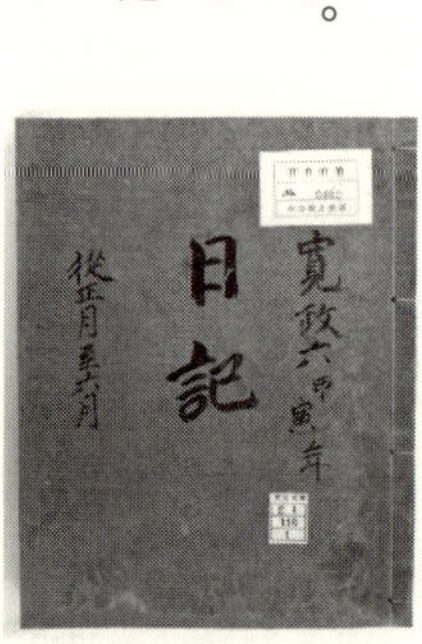
津山でのできごとを書き留めた「国元日記」
（津山郷土博物館蔵）

▼月番
一カ月交代で勤務すること。

## 藩主の改革宣言

明和八年（一七七一）八月二十一日、康哉は藩祖秀康以降の歴代藩主の霊前で新政着手を報告した。新政は大村と飯室が側近に、大目付大沢長太夫が「御勝手方以来請込《いらいうけこみ》」に任命され開始。同時に御用所、すなわち月番家老・年寄・大目付からの干渉を排除した。さらに大目付政事方、同公辺諸事勤向、同勝手方（大沢）、同補佐本役、同補佐、小姓頭取に六人を任命し、それぞれ細かく職務分掌も決めて、康哉自身が申し渡した。大村の大目付権限拡充の提案が実現したのである。

江戸藩邸の家臣を集め、大沢らが今後の方針、徹底した緊縮財政政策を説明した。翌年には緊縮財政がだいたい形になったとして、津山の大目付一人を江戸に呼んで「御国御勝手方引受」に任命し、大沢と協力して緊縮財政を推進する体制ができ上がった。この年、康哉は、帰国したが、家臣団、城下、農村が予想以上に困窮していること、裏で不正を働く一部の家臣がいて多くの家臣たちが不信感をもっていることが問題で改革に着手するのが困難だった。そこで三人の大目付を格がひとつ上の小姓頭格の惣奉行とし、それぞれ市郷（町方・村方）・刑法、勝手、公辺・政事の三職務の分掌をし、さらに新たに大目付に別の三人を抜擢した。飯室は奥御用取次・御用書もの預りに任命された。

この時の「分職令」等を康哉は自ら家老に手渡した。「分職令」は、家老以下一一の主要な役職の職務内容と権限を記載し、責任の範囲を明確にして他職への干渉を排除したもので、新設された政事惣奉行（軍事部門統括）、刑法惣奉行（市郷惣奉行兼帯、町奉行・郡代統括）、勝手惣奉行（勘定奉行・大坂役人統括）についても記されている。分職用向に任命されていた飯室の考えを取り入れたものである。要するに仕事は担当者（惣奉行）に任せて、家老・年寄がいちいち口出しをしないことを徹底させた。また、各職が詰め、執務する「政治堂」を設けて、勤務時間などを規定した「掟書」も作成された。これらから、康哉の並々ならぬ、不退転の意欲と大村・飯室・長沢らの意気込みが伝わってくる。

また、城下二カ所の番所脇に訴状箱を設置した。投書は自由に書いてよい。年月日・住所・氏名を明記し、非難や恨み、自説の誇示があってもよいとした。財政は切り詰め「富国之術を行う」としたが、家臣団、町、在（農村）に難儀をかけないようにとした。それだけでは財政再建は困難なので塩や穀類、綿実・繰綿の運上を新設した。

しかし、開始二カ月でさまざまな障害が出て、政治堂での執務が取りやめになった。そこで康哉は諸役人を集めて新たな倹約令や人事を発布した。倹約令は、藩士の登城回数の制限、二百石以上の藩士は役料・付人（扶持）を廃止、部屋住で召し出された者の勤務停止、足軽・中間《ちゅうげん》の昼食費廃止であった。人事は惣奉行の廃止、新政以前の役職名への復帰で、改革は後退したように見える。藩主が先陣を切って大村・飯室が理想としたところを実現しようとしたが、実際の政治や実務上でさまざまな支障が生じ、後退せざるを得なかったと思われる。しかし、学者が現実の政治を体験したこと、その後、学問を尚《たっと》ぶ気風が藩内に生まれたことは重要である。それはいずれ役立つ学問が何かを知るきっかけになるからである。そうしたことが、蘭学・洋学など実学の興隆につながったことは十分に考えられる。

しかし、藩財政は悪化の一途をたどり、相変わらずの借り上げと倹約で乗り切るしか方法はなかった。

## 天明の打ち毀しと「新政」

江戸での打ち毀《こわ》しは天明七年（一七八七）であったが、津山では四年前の同三年に起きている。五月二十三日、城下の関貫《かんぬき》（番所）に「伏見屋茂七不届これ有り　二十六日夕、家打ち崩し候　惣町中」の張り紙が貼られた。張り紙があったため町奉行や町年寄が警戒していたにもかかわらず、伏見屋茂七宅だけでなく豊屋喜兵衛、樫野屋茂市宅、神田屋利介宅が打ち毀された。町奉行は使組・同心組を出動させたが、打ち毀した者をひとりも逮捕することはできなかった。理由は大勢の見物人が出ていたため、逮捕できなかったというもので、見物がのちに禁止されている。おそらく打ち毀しの見物をしていた民衆の中に打ち毀しを支持する者がいて、意図的に邪魔した可能性がある。当時の町人と町奉行所の関係を推し量ることができる事案である。

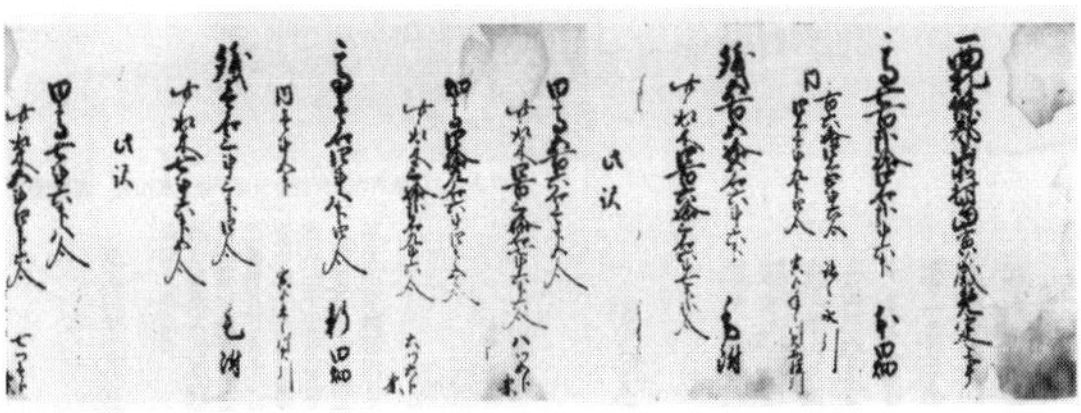

「年貢免定」
（津山郷土博物館蔵）

打ち毀しの翌日、被害者伏見屋ほか一七人が入牢を命じられた。加害者はもちろん、全員ではないが被害者も処罰されている。伏見屋以外の被害者は、「禁足」、すなわち外出禁止になっている。日頃の心得が良くないから騒動が始まったのだというのがその理由である。騒動の原因が日頃の心得とされるところが江戸時代的である。

ところでこの件で、首謀者同様とされた者がいるものの、はっきりと首謀者だとして処罰された者がおらず、偶発的な事件として処理されている。誰が首謀者かは分からないが、庶民はある種暗黙の了解のもとに行動していたようにも思える。こうした不気味さに町奉行は「同様」と処罰をせざるを得なかったのだろう。

なお、この背景には、津山地方の米価高騰があった。騒動の前年には、正月には一石四八匁《もんめ》が十二月には六六匁五分、三〇パーセントの増加である。この騒動の直後には九〇匁、約二倍である。もちろん全国的な飢饉になった天明七年、津山でも米価が乱高下したが、高騰した場合は町奉行が「川留《かわどめ》」して米を津山から出させず、下がると川留を解くといった調整を行った結果、深刻な米不足とならず打ち毀しが起きなかった。それには天明三年の打ち毀しの経験があったのであろう。経験や先例を文書で活かす、康哉の新政の文書管理が生きたのではないだろうか。

# ② 洋学の津山藩

ペリーがもたらしたアメリカ大統領の親書を翻訳したり、パリ万国博覧会への随行など、幕末の様々な場面で活躍した津山藩の学者たち。彼らを輩出した箕作家と宇田川家を中心に紹介する。

## 蘭学・洋学事始

さて、打ち毀しとは直接関係はないが、津山藩蘭学の源流のひとつたる宇田川《うだがわ》玄随《げんずい》★が蘭学を志すのは、康哉の時代の半ば、改革が行われ、とん挫したあとの時期、安永八年（一七七九）である。津山藩の、儒学を中心とした学問が盛んになった時期である。

津山における初期の蘭学の痕跡は、森時代の末期にみられる。延宝五年（一六七七）に津山藩森家の藩医久原甫雲が、西洋医学の免許皆伝を許されたことに遡る。それ以前から西洋医学が津山藩において行われていた可能性もある。

日本全体としてみれば、戦国時代の豊後府内では、ポルトガル人アルメイダの病院が運営されていたし、長崎出島のオランダ商館には、江戸初期からオランダ

▼宇田川玄随
代々津山藩医を務める家に生まれる。元々は漢方医であったが、杉田玄白などと交流するうちに蘭方医に転向する。

宇田川玄随
（岡山県立博物館蔵）

人等の医師が赴任していたから、日本人が西洋医学に接する機会は大いにあった。津山においては、史料的に遡れるのが延宝五年の久原の免許ということである。いつの時代も人間は、最先端の医学・医術・治療・施薬を求めるものなのだ。権力者であればなおさらである。

## 宇田川家の祖

津山で本格的に蘭学・洋学が盛んになるのは、いわゆる「宇田川三代★」の時からである。津山では「宇田川三代」というが、ここでは七代として、宇田川道紀《みちのり》・玄叔・玄随・玄真《げんしん》・榕菴《ようあん》・興斎《こうさい》・準一《じゅんいち》を一気に述べたい。

宇田川氏は中世には、渋谷村宇田川あたりに居住していた武士といわれている。関東管領上杉家の家宰《かさい》太田《おおた》道灌《どうかん》に敗れ、荒川のほとりに帰農して、江戸時代には、今の足立区辺りに住んでいた。宝暦二年（一七五二）、道紀の時、津山越前松平家四代藩主長孝に召し出され、江戸詰の藩医となった。宝暦十年に道紀が亡くなった時、子の玄随はまだ六歳だったので、道紀の弟玄叔が家督を相続した。天明元年（一七八一）、玄叔が亡くなり、二十七歳になっていた玄随が相続し藩医となった。当時の藩主は「文武の開けたるはこの時を始めとす」と評された五代康哉。自身も学問好きで、藩内も改革の機運に溢れていた。

▼宇田川三代　玄随・玄真・榕菴をいう。

宇田川玄真

宇田川榕菴

家督相続前の話だが、玄随は、最初は漢方一辺倒で、西洋医学を用いる医師を「野蛮な風俗や言語を用いる不逞な輩」と批判していた。しかし、二十五歳の頃、幕府医官桂川《かつらがわ》甫《ほ》周《しゅう》★の家で、甫周や居合わせた仙台藩医大槻玄沢《おおつきげんたく》から西洋医学のすばらしさを聞くにおよび、西洋医学を見直した。甫周の勧めで、オランダ人医師ゴルテルの『簡明内科書』を苦労して翻訳し『西説内科撰要』を訳述した。友人杉田玄白《すぎたげんぱく》は、玄随が「鉄根の人」なので業績をあげることができたと評している。

ところで、安永三年（一七七四）に刊行された杉田玄白の『解体新書』は、あくまでも解剖学の書で、人体の基礎的な組成を説くものであった。当時、医学のメインストリームは本道つまり内科と考えられていたので、玄随の『西説内科撰要』は、内科分野に西洋医学を導入した画期的な業績といえる。本道に蘭方が受け入れられる素地をつくったのである。寛政五年（一七九三）には一八巻のうち三巻が刊行されたが、藩主康哉から「草創之著述」、「御家光之御筋」として称賛され、御手当金一五両が下賜された。

このことは「津山藩の蘭学・洋学」を考える上で、非常に重要である。これ以降、「草創之著述」をなして「御家光之御筋」になることが、津山藩の学者たちのスタンダードになっていったと考えられるのだ。すなわち、津山藩の蘭学・洋学は、「御家光之御筋」のために「草創之著述」をなすことが大事で、それが求

**▼桂川甫周**
桂川家は代々幕府の奥医師を務めた。桂川家には甫周を名乗った人物は何人かおり、一番有名なのが国瑞（くにあきら）である。伊勢の漂流民大黒屋光太夫の尋問結果を『北槎聞略』として著した。杉田玄白らの『解体新書』翻訳には最初から参加している。

められたのである。

これ以降、津山藩で蘭学・洋学が盛んになるのは、藩医などが、「御家光之御筋」のために「草創之著述」をしたことがその一番の理由である。新しい著作をものにして（刊行して）新分野を開拓し、津山松平家の家名を上げることが、津山藩の蘭学者・洋学者のモチベーションになったのである。究極的には自家の家名をあげることにもなり、収入も増えて、自家の幸福に繋がることが認識されたのであろう。

## 杉田家から宇田川家へ

玄随の『西説内科撰要』刊行完結を果たしたのは、養子の玄真だった。玄真は、伊勢松坂の安岡家の出で、杉田玄白の弟子玄沢や玄随に学び、優秀であったため玄白の養子になった。ところが慢心からか放蕩《ほうとう》を繰り返し、身持ちが悪いと、玄白に勘当され、杉田家を出ざるを得なかった。路頭に迷った玄真を引き取って生活の面倒を見て、教導したのが、日本最初の蘭和辞典『波留麻和解《はるまわげ》』（通称江戸ハルマ）を編纂・刊行した稲村三伯《いなむらさんぱく》（海上随鷗《うながみずいおう》、因幡鳥取藩医）であった。三伯も玄沢の門人で、宇田川玄随の協力で同書を編纂し、さらに玄真の尽力で同書を完成させた。

そうこうしているうちに寛政九年（一七九七）に玄随が死去し、宇田川家の家名断絶が危惧された。そこで、改心し蘭学の向上がすこぶる見られた玄真が推挙され、宇田川家を継いだのである。三伯のおかげで生まれ変わった玄真は、玄随の『西説内科撰要』を完成させ、刊行すると共に、自らは『医範提綱』を刊行した。これは解剖学の基礎を説いたものであったが、図が銅版画で美しいものだったため大いに流行し玄真の名を蘭学界に知らしめた。ほかにも『和蘭薬鏡』『遠西医方名物考』を刊行し、西洋薬物の製法・処方を初めて明らかにし、最初の西洋小児科学書『小児諸病鑒法治法全書』、最初の西洋眼科書『泰西眼科全書』を刊行した。まさに初めて尽くしてである。玄真の開いた玄真塾は大いに振るい、門弟が常時数百人もいたとされる。その中には後に玄真の養子になる榕菴、坪井信《つぼいしん》道《とう》★、飯沼慾斎《いいぬまよくさい》★、佐藤信淵《さとうのぶひろ》★、箕作阮甫、緒方洪庵★などがいた。津山のみならず、江戸蘭学界中興の祖であるといっても過言ではない。玄真は義父玄随に始まる「御家光之御筋」のための「草創之著述」をものにして多くの優秀な弟子たちを成したのである。

なお、玄真は、フランス人ショメールの百科事典のオランダ語版を『厚生新編』として翻訳するため幕府天文方に設置された蕃書和解御用《ばんしょわげ》に、馬場佐十郎《ばばさじゅうろう》・大槻玄沢についで任命された。卓越した翻訳能力が幕府にも認められたのである。蕃書和解御用は、のちに洋学所から蕃書調所《しらべしょ》、洋書調所、開成所《かいせいしょ》、大学南校を

**▼坪井信道**
幼くして両親を亡くし、江戸で宇田川玄随に蘭医学を学び、後に長州藩医となる。

**▼飯沼慾斎**
伊勢亀山藩出身の医者で本草学者。

**▼佐藤信淵**
出羽出身の経世家（経済学者）。物産の開発、殖産興業、通商を説いた。

**▼緒方洪庵**
備中足守藩士の子として生まれ、宇田川玄真などに学び医師となる。大坂で適々斎塾（適塾）を開き、多くの後進を育てた。

経て東京大学となった。こののち輩出される津山の蘭学・洋学者たちは、これらの組織に何らかの形でかかわっている。日本の学問・文化の発展、ひいては近代化には津山藩の蘭学・洋学が大いに寄与していたことがいえるのである。

## 養子で家名を継ぐ

さて、玄真にも男子が生まれず、親戚にも適当な人物がいなかったので、弟子の美濃大垣《おおがき》藩医江沢養樹《えざわようじゅ》の長男榕菴を養子に迎えた。榕菴の業績は、『植学啓原』と『舎密開宗《せいみかいそう》』である。前者は「植物学のもとを開く」、後者も「化学の学術を開く」の意であり、まさに新分野の開拓本である。ここに宇田川家は「御家光之御筋」のため「草創之著述」の出版をすることが、定着したといっても良いであろう。『植学啓原』では、薬用植物の種類や産地・効用を調べるだけのこれまでの本草学から、解剖学のように植物の内部観察を行い、さまざまな器官の機能・構造などの研究を行う植物学へと飛躍させた。

『舎密開宗』はこれまでわが国にはなかった化学を紹介したもので、「舎密」は、化学を意味するオランダ語、chemieに漢字をあてはめた榕菴の造語である。この中で使われた、「酸素」「窒素」「炭素」「酸化」「還元」などは今日普通に使用されている化学用語で、多くが榕菴が最初に作り出して用いた。榕菴は化学のテ

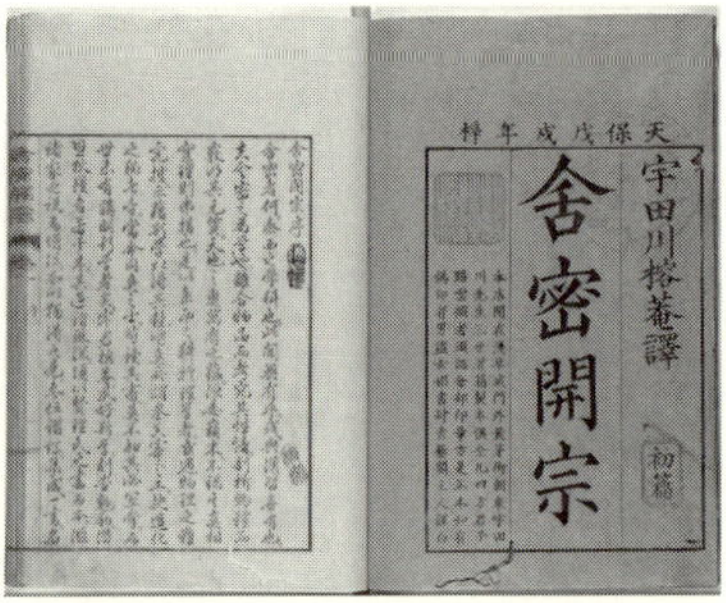

『舎密開宗』
（津山洋学資料館蔵）

クニカル・ターム生みの親である。津山藩の蘭学・洋学の拡大・深化を見て取ることができよう。

榕菴は養父玄真の『和蘭薬鏡』『遠西医方名物考』の新訂版を刊行したり、玄真もかかわった蕃書和解御用に出仕したりした。さらに榕菴の興味関心は、温泉にもおよび、わが国で初めて温泉成分の化学分析を行った。榕菴の興味は医学はおろか、天文学や科学分野のみならず、西洋史や同時代史、演劇、音楽、トランプ、コーヒーなど西洋の娯楽にまでおよんだ。ちなみに「珈琲《コーヒー》」も榕菴が最初に用いた用語である。新しい分野への関心は、著しいものがある。これも祖父にあたる玄随の新分野へのチャレンジ精神が、玄真、榕菴では他の分野にまで拡大・進化したといえよう。箕作家ではさらに蘭学・洋学の拡大・深化が図られるが、その前に、榕菴の跡を継いだ、興斎・準一に関して述べておく。

興斎もまた養子で、美濃大垣の蘭学者飯沼慾斎の三男だったが、榕菴の跡を継いだ。蕃書和解御用手伝となり、箕作阮甫と共に幕末期の外交文書の翻訳にあたった。また、英文法書『英吉利文典』、山岳用大砲術の『山砲用法』などを刊行している。藩医として藩主やその家族の診察・治療も行った。

興斎の長男準一は、洋学を越前福井藩医坪井信良（坪井信道の養子）や三田《さんだ》藩医、薩摩藩医を務めた川本幸民に学んだ。維新後は大阪理学校や東京の箕作秋坪《しゅうへい》の三叉学舎《さんさがくしゃ》で学び、東京師範学校・群馬師範学校で教鞭をとり、陸軍参謀本部陸地

榕菴縁のトランプ「和蘭カルタ」
（津山洋学資料館蔵）

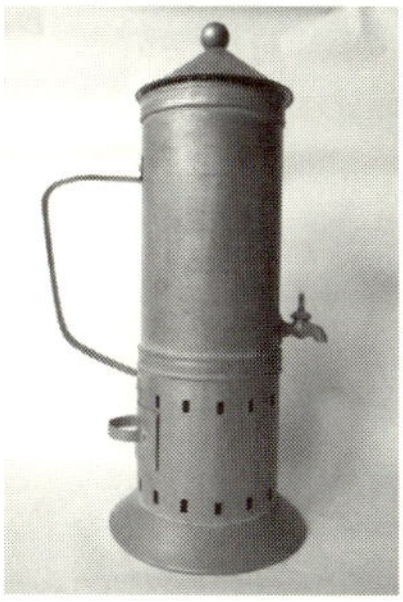

榕菴が考案したとされる
「コーヒーカン」（復元）
（津山洋学資料館蔵）

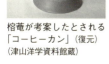

測量部にも勤務。『物理全志』『化学階梯』などを著し、理科教育の普及に貢献した。

江戸後期には蘭学・洋学の新分野を開拓した宇田川家は明治以降も日本の学問の発展、底上げに尽力した。

## 箕作家の祖

宇田川家以上に日本の近代化に尽力したのは、なんといっても箕《み》作《つくり》家《け》であることは、衆目の一致するところであろう。

幕末の長崎オランダ通詞にして明治のジャーナリスト福池源一郎は、「箕作の血は学者の血」と言ったが、箕作阮甫の家系は、まさに学者の家系である。それも日本の近代化を支えた学者の家系である。そのことを述べる前に、近代箕作家の祖、阮甫自身に関して述べておこう。

先に見たように、宇田川玄随は江戸出身、玄真は伊勢、榕菴・興斎は大垣と、津山藩医といっても出身は他所であるが、阮甫は津山城下に隣接する林田新町（現・津山市城東地区西新町）出身である。津山藩の洋学を狭い意味で津山藩出身者の洋学ととらえれば、箕作家をその嚆矢《こうし》とすることにもなろう。

箕作家は近江源氏佐々木氏の流れで箕作城を根拠にしていたという。一族は、

箕作阮甫
（津山洋学資料館蔵）

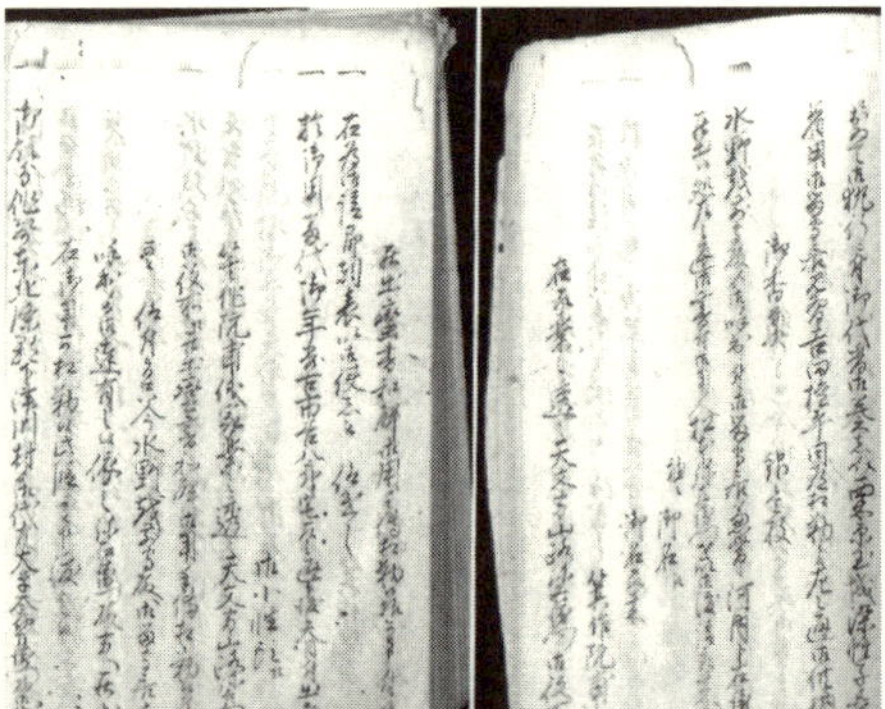

阮甫が蕃書和解御用を命じられたことを記録している津山藩の天保十年六月十日条「江戸日記」（津山郷土博物館蔵）

大坂の陣で豊臣方に与し、敗れて小豆島《しょうど》に住していたが、のちに美作に移って、箕作義林《ぎりん》が、津山藩主森長継に召し出された。義林の子が、阮甫の先祖貞弁《ていべん》で、ちなみにその兄にあたる箕作平太兵衛（義林の子、義弁）は、赤穂浪士神崎与五郎の親類とされている。平太兵衛の弟貞弁の妻が与五郎の父の妹だといわれている。そうした縁で与五郎の母の墓は津山城下愛染寺にある。

この貞弁が、箕作家ではじめて医業を行った人である。貞弁の跡を貞隆が継いで、貞隆の子が貞固、すなわち阮甫の父貞固である。貞固は早く亡くなり、家業を継いだ兄も早世したので、母は阮甫を一人前の医師にすべく厳しく教育した。阮甫は京都にのぼって医学を修め、やがて帰郷。文政五年（一八二二）、藩医になった。

同十二年、藩主の御供で江戸に出て、宇田川玄真について初めて蘭学を学ぶと、自らの学問不足を痛感。三年間の江戸詰を願い出て許可され、本格的に蘭学を学んだ。さらに天保元年（一八三〇）には十年間の江戸詰を願い出て、許され、家族と共に江戸に暮らして学んだ。このため阮甫の学問は急速に伸長し、天保四年には榕菴の『植学啓原』の序文を記すまでになり、同八年にはわが国最初の医学専門雑誌『泰西名医彙講《いこう》』第一集を編集・刊行している。同十年には、蛮社の獄の最初の犠牲者小関三英《こせきさんえい》（出羽鶴岡出身、摂津岸和田藩医）の跡役として蕃書和解御用となり、嘉永六年（一八五五）来航のペリーがもたらしたアメリカ合衆国大統領親書を翻訳し、ロシア使節プチャーチンとの長崎での交渉に応接掛川路聖謨《かわじとしあきら》の従者として関与した。この際には、藩主斉民の家族が阮甫と直々に会って激励している。まさに阮甫も「御家光之御筋」にしっかり励み、安政二年（一八五五）には、将軍家定に御目見えし、翌安政三年には蕃書調所発足に伴い、杉田玄白の孫杉田成卿《せいけい》と共に初代教授に就任した。

文久二年（一八六二）には幕臣に取り立てられた。津山藩で洋学者として幕臣に取り立てられたのは阮甫が最初で、全国的にも珍しく、「御家光之御筋」はさらに栄えあるものとなったことは想像に難くない。これ以降、阮甫に続けとばかり、学問で身を立てる箕作家の子孫たちを輩出したのである。阮甫は、翌文久三年六月に亡くなるまで、百六十余冊の訳述をなし、積み上げた高さは阮甫の背丈にも達したといわれている。蘭学・洋学という学問を究めて立身出世を果たし、まさしく「御家光之御筋」を体現した生涯であった。

## 阮甫の子どもたち

阮甫には男子がなく、三人の娘がおり、嫁にやったり養子をもらってたりしていた。長女せきは、広島藩医呉黄石《くれこうせき》に嫁いだ（共に再婚だった）。阮甫は藩医との結婚に破れ、戻ってきた長女に相当の婿を取って箕作家を継がせるつもりだった

# 箕作家関係の系図

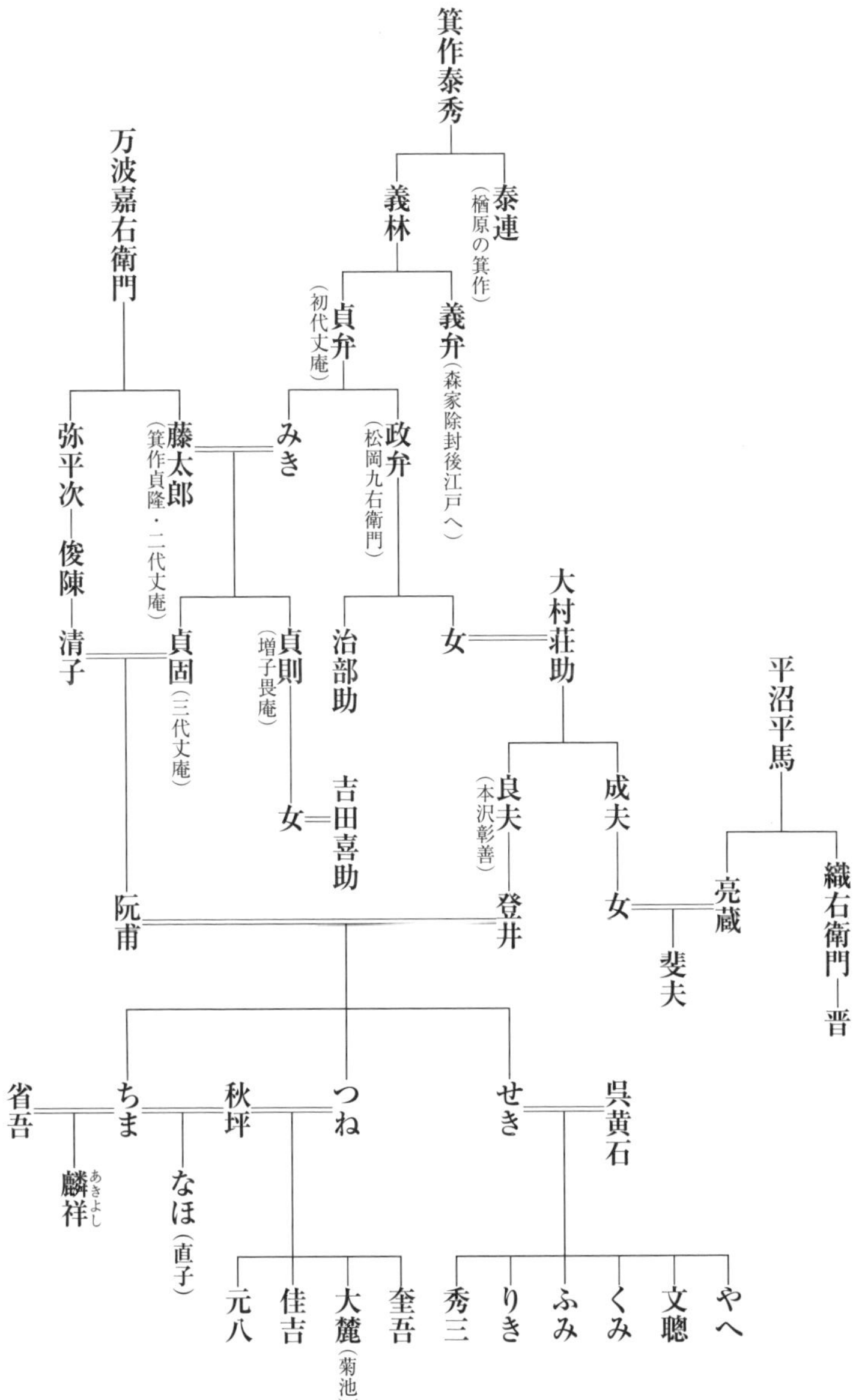
箕作泰秀
泰連（楢原の箕作）
義林
義弁（森家除封後江戸へ）
貞弁（初代丈庵）
万波嘉右衛門
政弁（松岡九右衛門）
みき
藤太郎（箕作貞隆・二代丈庵）
弥平次
俊陳
清子
大村荘助
女
治部助
貞則（増子畏庵）
貞固（三代丈庵）
平沼平馬
成夫
良夫（本沢彰善）
吉田喜助
女
織右衛門
晋
亮蔵
女
斐夫
登井
阮甫
せき
つね
ちま
呉黄石
秋坪
省吾
麟祥《あきよし》
なほ（直子）
やへ
文聰
くみ
ふみ
りき
秀三
奎吾
大麓（菊池）
佳吉
元八

が、阮甫の弟子の牧穆中《まきぼくちゅう》★が阮甫に内緒で間を取り持ち、呉との話が進んでしまった。このため穆中は箕作家を出入り禁止になったという。呉とせきとの子に統計学者の呉文聰《あやとし》や精神医学者呉秀三《しゅうぞう》がいる。

二女つねの夫は菊池秋坪であるが、結婚は二女よりも三女ちまの方が先だった。三女の夫となった佐々木省吾が、二女と三女のどちらかを選べと言われ、三女を選んだからである。二女は器量がいいから良いところに嫁に行けるが、三女はそうでないから自分が、ということだったらしい。

省吾は、陸奥水沢の武士出身で、同郷の高野《たかの》長英《ちょうえい》★の遠縁にあたる。長英に憧れ、学問をしようと江戸へ出てきて、阮甫に入門し、阮甫に娘婿にと望まれた。阮甫の協力の下、喀血しながらも世界地図『新製輿《よ》地全図』、世界地誌『坤《こん》輿図識』『坤輿図識補』を刊行した。

『新製輿地全図』は、坂本龍馬に影響を与え、『坤輿図識』『坤輿図識補』は、吉田松陰が混迷した時代に読むべき書物の一覧に入れた。これらの出版による利益は箕作家の家計を潤したといわれているが、省吾は二十六歳の若さで亡くなった。跡には長男麟祥《りんしょう》が残された。麟祥は、蕃書調所、開成所に出仕し、慶応三年（一八六七）、徳川慶喜《よしのぶ》の弟徳川昭武《あきたけ》に随行して渡欧し、フランス語だけでなく、フランス法学や経済学を学んだ。帰国後、ナポレオン法典を五年かけてすべて翻訳。日本の近代民法にナポレオン法典の影響があるのは、フランス人御雇外国

**▼牧穆中**
美作久世出身で、箕作阮甫に学び、浜松藩主水野忠邦の侍医となった。兵学分野の著作が多数ある。

**▼高野長英**
養父の影響で蘭学に強い関心をもった。幕府を批判したため蛮社の獄の捕縛対象者となり、入獄。のちに脱獄して逃亡するも幕吏に踏み込まれ死亡。

徳川昭武と随行員（松戸市戸定歴史館蔵）

人ボアソナード★の尽力のみならず、麟祥の業績も無視できない。帰国後、麟祥は、神戸洋学校教授、文部省・司法省出仕、民法・商法編纂委員会委員、司法次官や和仏法律学校（現・法政大学）初代校長、貴族院議員、行政裁判所長官などを歴任した。

著作も行い、麟祥の『泰西勧善訓蒙』は、長野県や愛知県の多くの学校で教科書として読まれたようで、現在も作新《さくしん》記念館（現・長野市・作新学校・氷鉋学校）などに残っている。おそらく全国の学校等で読まれたものと考えられる。麟祥の長女は動物学者石川千代松に、三女は物理学者長岡半太郎にそれぞれ嫁いだ。

阮甫の二女つねは備中国阿賀郡呰部（現・真庭市）出身の秋坪と結婚。結婚後秋坪は箕作姓を名乗った。秋坪は箕作家だけでなく緒方洪庵の適塾でも学び、蕃書和解御用、蕃書調所教授手伝となり、文久元年（一八六一）、幕府の文久遣欧使節★に随行、帰国後、ロシアに派遣され、二度の渡欧を経験した。のちに、東京で英学塾三叉学舎を開き、後進を指導した。三叉学舎に学んだ人に、東郷平八郎★、原敬★、平沼騏一郎★、大槻文彦★などがいる。そのほか専修学校（現・専修大学）設立にかかわり、教育博物館（現・国立科学博物館）館長も歴任した。つねとの間に、奎吾《けいご》、大麓《だいろく》、佳吉《かきち》、元八《げんぱち》を設けた。つねの死後、妹で省吾の未亡人ちま（阮甫三女）と再婚し、直子を設けた。直子の夫が、人類学者坪井正五郎である。

**▼ボアソナード**
フランスの法学者。明治時代に日本へやってきた御雇外国人のひとりで、不平等条約撤廃に尽力した。

**▼文久遣欧使節**
福沢諭吉らが通訳として同行した。

**▼東郷平八郎**
薩摩藩出身の軍人。日露戦争の日本海海戦で勝利した連合艦隊司令長官。

**▼原敬**
新聞記者から外務省に入り、のちに政治家に転身。内閣総理大臣を務めた。

**▼平沼騏一郎**
官僚から政治家になり、内閣総理大臣などを歴任した。

**▼大槻文彦**
大槻磐渓の子。『言海』を編集した国語学者で、箕作秋坪や箕作麟祥などと交流があった。

## 秋坪の子孫たち

秋坪の長男の奎吾は、ヨーロッパに学んで帰国後、惜しくも隅田川で遊泳中に死亡した。存命であれば、学者として、秋坪長男にふさわしい活躍をみせたものと思われる。

秋坪の二男大麓は、父の実家を継いで菊池大麓と名乗り、二度イギリスに留学し、ケンブリッジ大学を首席で卒業した。帰国後、東京大学理学部教授、数学科創設、理学部長、総長、学習院院長、文部次官・文部大臣、京都帝国大学総長、理化学研究所初代所長、貴族院議員、枢密顧問官を歴任した。数学に関する多くの著書があるが、中でも『初等幾何学教科書』は、明治から大正期の数学の基礎教科書として評価が高かった。箕作一族の長老的存在として一族の繁栄にも尽力した。

大麓の長女多美子は憲法学者美濃部達吉に、次女千代子は民法学者鳩山秀夫に、三女冬子は民法・労働法学者末広厳太郎に、四女英子は鉄道省技官平山復二郎に、五女百合子は内務官僚川村秀文に嫁いだ。二男泰二は物理学者になり、三男健三は東京大学教授に、四男正士は原子物理学者になった。

秋坪の三男佳吉は、アメリカとイギリスに留学して、動物学を学び、東京帝国大学理学部の動物学講座初代教授となり、のちに東京帝国大学理科大学学長を務

菊池大麓
（津山洋学資料館蔵）

箕作奎吾
（箕作有俊氏所蔵）

めた。真珠王御木本幸吉《みきもとこうきち》に真珠養殖の学問的助言を行った。また、ミツクリザメ、ミツクリエビ、ハナハゼなどを命名した海洋生物学の第一人者である。佳吉の孫に建築家吉阪隆正がいる。吉阪は早稲田大学を卒業後、フランスで高名な建築家ル・コルビジュエ（ユネスコが登録する世界文化遺産国立西洋美術館の設計者）に学び、早稲田大学教授、理工学部長、日本建築学会長を務めた。津山洋学資料館の設計者冨田玲子氏は吉阪の弟子にあたる。資料館のデザインには箕作家の学問的DNAが受け継がれているというわけだ。

　秋坪の四男元八は、三叉学舎や東京英語学校（現・東京外国語大学）で英語を学び、東京大学で動物学を学んだ。東京大学卒業後、動物学研究のためドイツに渡るが、極度の近視で顕微鏡等の使用に支障があり、歴史学に転じた。七年にわたりテュービンゲン、ハイデルベルク、ベルリン大学などでヨーロッパの近代史、特にフランス革命およびナポレオン時代のことを研究するため、『19世紀ドイツ史』の著作で知られるドイツ国家主義の思想家ハインリッヒ・フォン・トライチュケや近代歴史学の創始者レオポルド・フォン・ランケの指導を受けた。

　特にランケは、原典・史料の客観的・科学的分析に基づく近代科学としての歴史学の方法論を確立し、また、大学における歴史学ゼミナールの創始者で、多くの逸材を育てたが、元八はそのひとりである。元八は帰国後、高等師範学校（現・筑波大学）や第一高等学校（現・東京大学教養学部）教授となったが、フランスに

箕作佳吉
（津山洋学資料館蔵）

箕作元八
（津山洋学資料館蔵）

留学し、帰国後、東京大学文科大学（現・東京大学文学部）教授となり、近代歴史学研究法を広め、研究者を育成した。著書に『西洋史講和』『一九一四年―一九一九年世界大戦史』『仏蘭西大革命史』『ナポレオン時代史』などがある。

なお、昭和天皇は、ニューヨークタイムズ記者の単独インタビューで、影響を受けた人物は誰かと聞かれ、「最大の影響を受けたのは、日本の英雄でも天皇でも、また著名な科学者でもなく箕作元八という教授だ」と語り、昭和四十七年（一九七二）、記事になった。

## 津田真道

さらに、そのほかの蘭学者・洋学者を見てみよう。

まず、最初に取り上げたいのは、津田真道《つだまさみち》である。真道は、津山藩の下級武士が多く住む上之町出身である。真道の父文行は御料理番で、下級武士だ。

真道は、幼少より読書好きで、記憶力が大変よかったという。学問を成就させるためには藩士としての仕事はできないとして廃嫡され、江戸に出て箕作阮甫に蘭学を学び、佐久間象山《さくましょうざん》★塾で西洋砲術を修めた。ペリー来航時、津山藩は江戸市中警備を命じられ、真道も軍事方雇として従事した。その時、上司に対して不遜な態度であったとして、一時、津山に帰国させられていたが、脱藩し勝海舟《かつかいしゅう》★

▼佐久間象山
松代藩士。江戸で私塾を開き、勝海舟や坂本龍馬など後進を育てた。

▼勝海舟
幕臣。日本海軍創立に尽力する。

津田真道

勝海舟
（国立国会図書館蔵）

の食客となって、長崎海軍伝習所に赴いた。幕臣以外でも伝習できたのだが、伝習したくも藩の許しが出なかった。しかし、蕃書調所総裁大久保忠寛《おおくぼただひろ》（一翁《いちおう》）の推挙で、同所に教授手伝並として出仕することができた。

文久三年（一八六三）、榎本武揚《えのもとたけあき》★や西周《にしあまね》★らと共に幕府オランダ留学生の一員となり、オランダで法学、特に国際法学や経済学、統計学などを学んだ。慶応三年（一八六七）に開成所教授となり、徳川慶喜に日本の採用すべき国家制度や西洋諸国の憲法などを進講した。

明治元年（一八六八）、幕臣であった真道は静岡藩大目付に就いた後、明治新政府に出仕し、刑法官権判事、新律綱領（刑法典）の編集、大法官などの役に就任した。その間、陸軍省に出仕して陸軍刑法制定に尽力するなど、山県有朋★の法律ブレーンでもあった。のち、元老院議官、衆議院議員、同副議長（初代）、貴族院議員などを歴任、男爵、法学博士となる。明治六年設立の明六社同人で、「拷問論」や自由の権利に関する論説を多く発表した。津田によって近代日本の刑法が形作られたといってもよい。

## そのほかの人材

次は、久原躬弦《くはらみつる》である。久原は、日本の有機化学研究の先駆者である。津山藩

▼榎本武揚
幕臣。戊辰戦争では最後まで旧幕府側として戦う。戦後は明治政府に出仕して様々な分野で活躍した。

▼西周
津和野藩士から幕臣となる。明治になってからは教育などの分野で功績を残した。

▼山県有朋
長州出身の軍人で政治家。内務大臣や内閣総理大臣などを歴任した。

久原躬弦
（津山洋学資料館蔵）

医の家に生まれ、明治元年（一八六八）、箕作麟祥の神戸洋学校に学んだ。この学校に、のちに明治屋を創業する磯野計《いそのはかる》がいた。久原は同三年、大学南校に藩推挙の貢進生として学び、明治十年、東京大学を卒業した。この間、アヘンやたばこの害毒に関して論文を発表している。同十二年、ジョン・ホプキンス大学に特別奨学生として留学、成績は常に首席だったという。同十七年、東京大学教授、同四十五年京都帝国大学総長となり、多くの研究者を育成した。西寺町（津山市）長安寺の墓石には「大機院殿心箭躬大居士」と刻まれている。

久原と同時代の人物で、洋学を学び実業界で活躍したのは、明治屋の創業者磯野計がいる。磯野家は百三十石ではあるが、御譜代という、津山藩では最も上層の藩士の子として椿高下《つばきこうげ》で生まれた。ところが、父親が政争に巻き込まれ、家名断絶の憂き目にあった。磯野はわずか十歳で、同藩出身箕作麟祥が教師をしていた神戸洋学校に学び、さらに東京に出て箕作秋坪の三叉学舎に学び、東京大学を卒業。三菱の給費生としてイギリスに渡航した。帰国後、代言人（弁護士）として開業するが、利益を追求しなかったため振るわなかった。そのため、日本の食文化向上に寄与することをめざし、明治屋を創業した。さらにブルワリー・ビールの総代理店にもなり、これはのちにキリンビールとなった。また総合商社磯野商会も設立、鉄道橋梁用の鉄鋼などを輸入した。のちに磯野商会は、津山同郷で、後述する仁木永祐《にきえいすけ》の弟子米井源次郎《よねいげんじろう》に受け継がれ、現在もヨネイとして存続

横浜で開業した明治屋（明治屋提供）

している。磯野も米井も新しい学問を貪欲に学び、自分の生きる道を必死で切り開いた。その底流には「世のため、人のため」という公共の概念がしっかりと根付いていたと思われる。

同じように実業界で活躍した岸田吟香《ぎんこう》（ヘボンの和英辞典『和英語林集成』編纂の手伝い、『横浜新報もしほ草』創刊、目薬「精錡水」の販売、日清貿易研究所設立など）も津山の学問的な雰囲気を吸って、大いに時代を切り開いた人物である。

地域で医師として、また自由民権家として尽力した人物に仁木永祐がいる。仁木のもとで学んだ人物には、磯野の明治屋を軌道に乗せた米井源次郎もいた。仁木の私塾籾山黌の跡地には、仁木の大きな顕彰碑が建っている。篆額は西園寺公《さいおんじきん》望《もち》★によるものである。米井など多くの氏名が刻まれ仁木の人徳と人脈を今に伝えている。常に地域から中央を見据えて地域のために尽力した医師であった。

作州の自由民権運動家としては、中島衛《なかじままもる》★や立石岐《たていしちまた》★などの活躍が目立つ。

江戸の津山藩邸の宇田川家に芽吹いた津山藩の洋学は、津山の箕作家で大樹となり、枝葉を広げ、さらに多くの津山の若者を成長させ、それぞれの場所で活躍させ、日本の近代化という果実を実らせた。まさに津山藩の洋学の発展過程そのものが、日本の洋学の発展過程であり、それこそが日本の近代化であったのだ。その根底には、津山藩が学問を奨励したことから、「御家光之御筋」を眼目とし、「草創之著述」を刊行した洋学者たちが多く現われた。彼らが、個々に研鑽した

**▼西園寺公望**
公家の子として生まれ、戊辰戦争では新政府軍側の司令官を務めた。伊藤博文の腹心として政界で活躍する。

**▼中島衛**
美作の養蚕に尽力、県議会議員も務めた。

**▼立石岐**
中島衛と共に養蚕に尽力。県議会議員を経て衆議院議員となる。

結果、多くの人材を育て、結果として日本の近代化に大いに寄与したといえるのである。

## 日本蘭学会創立祝賀会蘭学祭イン津山

ところで、話は昭和二十一年（一九四六）にタイムスリップする。アジア・太平洋戦争直後の米軍占領初期、物資もあまりない時代、また、将来の見通しもなかなか立たない時代のことである。

同年十一月、津山で途方もなく大きな学術イベントが津山市をあげて行われた。「日本蘭学会」創立祝賀会蘭学祭である。日本蘭学会の、いわば結成大会と祝賀イベントである。講演の登壇者は、東京帝国大学教授・医学博士の緒方富雄（緒方洪庵のひ孫）、慶応義塾大学医学部講師大鳥蘭三郎（大鳥圭介の孫）、日本蘭学会理事の水田昌二郎、九州帝国大学教授・理学博士の江崎悌三（杉田玄白から五代目の子孫）、日本大学教授で地理学史学者の鮎沢信太郎、文部省人文科学課課長犬丸秀雄（岡山県出身。欧州で外国語科学文献の収集と翻訳に従事）、岡山医科大学教授・医学博士田邊浩、ソフィア大学（現・上智大学、当時の「日本蘭学会」創立祝賀会案内状に「ソフィア大学」と表記）教授の池田哲郎らである。実に錚々たるメンバーが三日にわたって講演を行い、貴重な蘭学資料展覧会・蘭学絵画展が開催さ

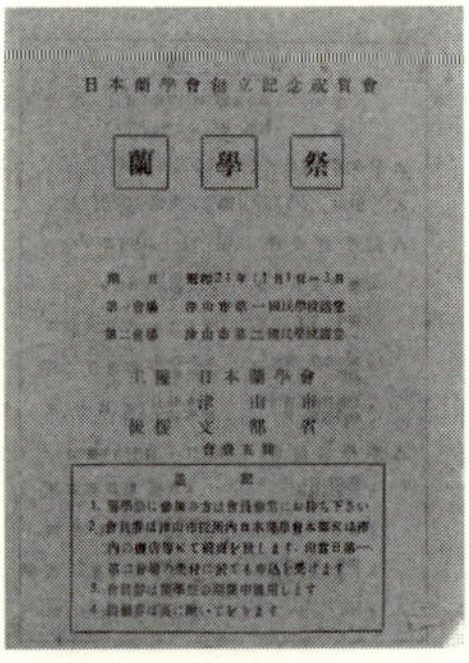


蘭学祭パンフレット
（津山洋学資料館蔵）

れた。夜には「蘭学の夕べ」として「二人の猟師と乳売娘」「若き日の宇田川玄真」の歴史を題材とした「史劇」が上演された。今から思うと、あの時代によくまあこのようなビッグイベントが企画・催行できたものと驚嘆する。

さらに驚くべきことに、祝賀会を開催するまで「計画万端、舞台監督から司会まで全部やってのけた」のは、水田昌二郎。当時二十六歳、備中玉島（現・岡山県倉敷市玉島）生まれの青年であった。この大イベントを成功させた若きプロデューサー水田はその翌年三月、桜の頃に病に倒れ、惜しくも四月十八日に亡くなる。

しかし、津山で、産声をあげた日本蘭学会は、その後、さまざまな変遷ののち特に蘭学資料研究会（通称、蘭研）が日本の蘭学史・洋学史の研究の中核団体として大きく成長し、多くの学者を育成した。現在、蘭研は、洋学史研究会（会長・片桐一男青山学院大学名誉教授）、洋学史学会（前会長・青木歳幸佐賀大学特任教授、現会長・沓澤宣賢東海大学特任教授）として存続し、高水準の研究を世に送り出し、洋学研究者の大切なより所となっている。

そして、何よりも津山には、日本で唯一の「洋学」の名前を冠した洋学研究の展示施設である津山洋学資料館が存在する。同館は、昭和五十三年（一九七八）の旧館開館から平成二十四年（二〇一二）の新館開館までの三十四年間、新館開館から今日までの五年間、都合三十九年を数えている。まさに津山が洋学研究の中心であることを全国に知らしめる重要な施設である。思えば、新館は、元館長下山純正氏が、若くして亡くなった水田の思いを受け継ぐかのように、たいへん多くの人々の賛同を得て造り上げたものである。

藩政初期の森家時代から中後期・幕末明治の津山松平家の歩みの中でも、特に津山藩の西洋学問受容の足跡を伝える津山洋学資料館は、全国的にも唯一の洋学専門博物館である。そこには「御家光之御筋」「草創之著述」の具体例を見ることができるのだ。行って見てないわけにはいかない。

3

# 康哉から康乂・斉孝の時代へ

学問好きであった藩主康哉の影響からか洋学が盛んになった。

康哉の次代の康乂は若くして亡くなり、養子として迎えた斉孝が継ぐ。

斉孝の継嗣斉民こそが、五万石へ落とされた津山藩の起死回生のための秘密兵器であった。

## 出版を支援する

さて、話は五代藩主松平康哉まで遡る。康哉は、寛政六年（一七九四）に亡くなるが、その二年前の四年には宇田川玄随は『西説内科撰要』の翻訳を終えた。西洋内科が日本の内科（本道）に受容された重要な業績である。天明の津山打毀しの起きた翌年から翻訳を開始し、寛政四年まで、十一年かかった。翌年から出版を始めたが、康哉はこのことを大変喜び、一五両の手当金を与えた。この時玄随がもらった「勤書」には、「家業を向上させようとこころがける篤い志があり、草創の著作を出版したことは、御家光之御筋にもなり、殿様は大変お慶びになっていらっしゃる。倹約の御時節ではあるが、とてもよい機会なので、特別の思し召しをもって御手当として一五両を下賜する」とある。

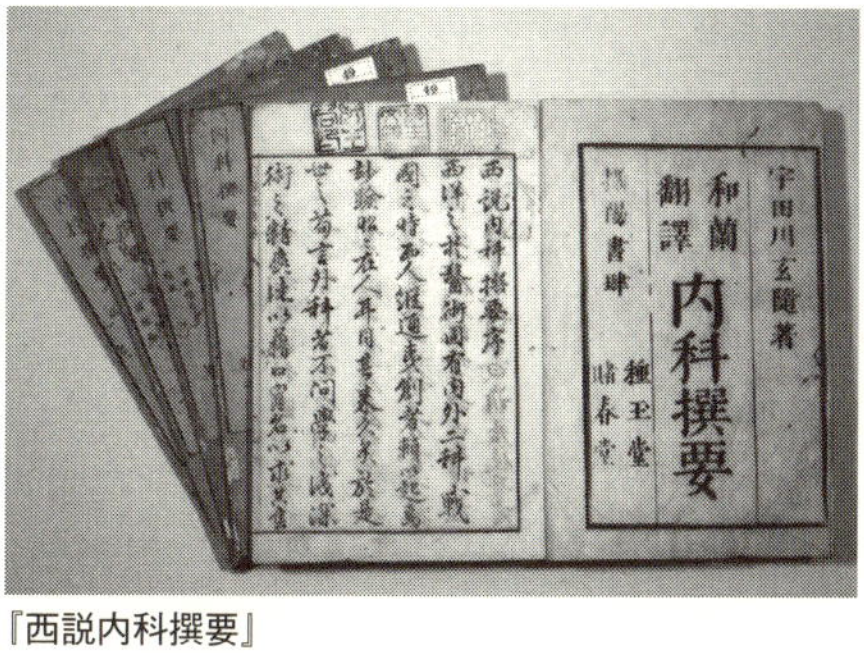

『西説内科撰要』
（津山洋学資料館蔵）

重要なのは「御家光之御筋にもなり」という部分である。若い頃新政、改革を志した康哉であったが、思うに任せなかった。しかし、今、政治の局面や学問で、その効果がやっと出始めたのである。特に学問は、ほかの大名家にも誇り得る重要な業績で、医学という仁術であればなおさらである。理想的な仁政を目指した康哉の眼鏡にかなう仕事が蘭学・洋学だったのである。これ以降の津山藩の蘭学・洋学は、康哉の仁政の結果と考えてよいであろう。まさに「御家光之御筋にもな」ることは、御三家に匹敵する越前松平家の誇りを取り戻すものであり、だからこそ藩を挙げて蘭学・洋学を支援した。そのきっかけが康哉であったことはいうまでもないだろう。

## 康乂・斉孝の時代

蘭学や学問を好んだ康哉は、在職三十三年、四十三歳で亡くなり、遺跡は康哉の二男康乂《やすはる》が相続したが、文化二年（一八〇五）、二十歳で没した。在職十一年、遺跡は康哉の三男斉孝が継いだ。斉孝は、天保二年（一八三一）、家督を養子斉民に譲り、津山に戻って北園（現・衆楽園）の隠居所ですごし同九年に亡くなった。享年五十一、在職三十一年であった。

康乂の時には、石代《こくだい》越訴《おっそ》（石代とは、銀納する年貢のこと。年貢を銀納する場合、米

隠居後の松平斉孝肖像画
（個人蔵・津山郷土博物館寄託）

と銀の換算率が重要となり、領主と農民との係争に発展した）、斉孝時代には、文政非人騒動など農民騒動が起きており、相変わらず藩当局の厳しい年貢収納と農民の要求のせめぎ合いが起きている。

石代越訴は、幕府直轄領の農民の越訴であるが、津山藩と関係するのは、津山の町米が幕領の年貢米の貨幣換算基準になっていたからである。つまり美作の中心地津山の米の値段は幕領の農民の生活に直結していたのである。越訴とは、通常の手順ではなく訴訟をすることで、通常は所管する幕府代官に訴え出るのだが、それを飛び越えて代官を束ねる勘定奉行やさらに老中に直訴した。江戸初期は越訴のうち駕籠《かご》訴《そ》の場合、重い罪に問われたが、この時代は越訴した者は江戸で取り調べを受け、終われば物見遊山して帰って来ている。

幕府も幕領の支配に十分な人員が割けられないため、斉孝の代である文化九年（一八一二）には美作・備中の幕領四万七千石余が津山藩預り地となった。預り地は、年貢の二割を口米《くちまい》（年貢にプラスして課される税金の一種で、代官や藩の諸経費にあてられた）の名目で経費として藩に入れることができたので、藩の財政は幾分潤ったと思われる。さらに文化十四年、将軍家斉の子斉民を斉孝の養子とすることが決まり、五万石加増が申し渡され、十万石に復帰した。長熙の時、五万石に減封となって九十一年がたっていた。

幕府からの高替えの指示書
（津山郷土博物館蔵）

## 文政騒動

文政非人騒動は、文政八年（一八二五）、斉孝の代に起きた農民騒動である。夏の天候不順から秋になり津山では米価が上昇し始め、石代納の換算基準米価の高騰は、幕領の農民にとって死活問題になっていた。このような背景があって農民が非人の格好（鎌を持ち蓑を着る）をして物乞いをし、村役人や富農の家で酒食を強要して、領主の役所に要求を行った。長孝の時代の元文騒動から始まった形態である。

今回の騒動の始まりは、十一月に吉野郡の村々の農民が、下町村の幕府代官所に押しかけ、金子の貸し付けを要求した事だった。その後、播磨国佐用郡平福の旗本の代官宅が打ち毀しに遭い、さらに五万石加増された津山藩領や山中地域、三河挙母《ころも》（現・愛知県豊田市）の内藤藩領、龍野藩預地にも飛び火して、国や地域を越えた騒動になっていった。中には郡中割賦勘定帳の強請を目的に騒動を起こした者もあったし、津山城下に入り込んでくる者もあった。藩は物頭兼御先手鉄砲頭に鎮圧を命じ、鎮圧隊の出動により騒動は次第に下火になっていった。騒動の目的は年貢減免・納期延長の実現だったが、村を騒動から守るために参加した者もいた。また、地域により実情が異なり、無秩序な騒動という印象が強かった。

しかし、元文非人騒動のことを学び、農民たちは藩の役人に対して、「自分たちは天領の農民だったが、七年前に越後様（津山藩）の農民になったが、役人たちにもてあそばれて非人になってしまった」と批判するだけの力をもっていた。ここには農民層の知力の向上を見ることができよう。領主層が対応しなければならない農民層も確実に成長していたのである。藩は処罰できなかったばかりか、救い米を支給することになったのである。文政九年二月には拘留された農民はすべて釈放された。

# ④ 将軍家から迎えられた藩主

生涯に五〇人を越える子を成したといわれている十一代将軍徳川家斉。その十四男斉民を養子に迎え、次の藩主とすることで津山藩は悲願であった五万石から十万石に復帰する。

## 五万石の加増でも足りぬ

文化十四年（一八一七）十二月、養子となった十一代将軍家斉《いえなり》の一四男斉民（三歳）は、江戸城内から津山藩江戸上屋敷（鍛冶橋邸）に移った。文政七年（一八二四）、元服して従四位上侍従三河守を名乗った。将軍の子ゆえ、官位も高く、三河守の名乗りも越前家の嫡家のみに認められたもので、最初から破格の待遇であった。その後、斉民は、正四位上左《さ》近衛《こんのえ》権中将まで昇進する。また、斉民の継嗣慶倫も従四位下侍従から始まり、従四位上左近衛権少将を経て正四位下左近衛権中将になった。これも斉民が将軍家から養子に来たからである。なお、斉民が隠居して越後守となり慶倫が三河守となった。五万石の加増も「家柄之儀に付」、つまり越前家嫡流の家柄があるのでと加増に預かった。

徳川家斉肖像写
（東京大学史料編纂所蔵）

しかし、それでも足りないと見えて、斉民はのちに越後高田時代の石高である二十五万石に復帰、との願いを大奥を通じて内願している。大奥からの返事は「養子になられた時に倍増した十万石は、将軍子息と家柄を考慮したもので」これ以上は難しいというものだった。また斉民は、藩祖秀康の位階が正三位《しょうさんみ》なので、自身も従三位以上を望んでいたが、江戸時代のうちには実現はしなかった。

加増五万石分は斉民が越前家に入った文化十四年度の年貢・運上もすべて与えられ、大幅な増収になった。このことは明るい話題であっただろう。おかげで家中からの借り上げも昨年分を返済でき、町年寄や大庄屋、城下関係寺院にも臨時手当を支給している。

十万石になれば、津山藩になってからの初代宣富時代に復したことになる。十万石と五万石では年頭行事から違ってくる。たとえば、帰国に際しても十万石の大名には「在所へ暇下さる」という将軍の言葉を伝える上使が派遣される。さらに無事帰国したことを江戸屋敷の責任者が将軍に拝謁して御礼言上した。将軍への献上品も必要となり、藩主の行列が城下町方を通行する際には、通路に砂が敷き詰められる。

さらに大きな違いは、十万石の格式に見合う数と質の家臣を雇わねばならない。享保十一年（一七二六）に、五万石に減封された時、家臣六三〇人のうち二七六人に暇を出し、約四四パーセントを削減した。単純に半分にはできなかったので

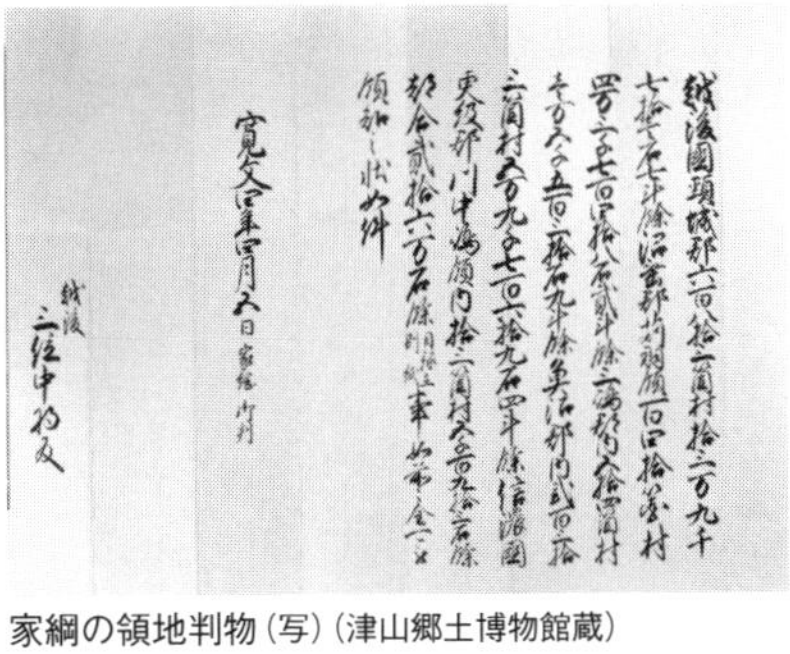

家綱の領地判物（写）（津山郷土博物館蔵）

ある。五万石になっても能力ある浪人や学者、医師を登用したり、召し返しの侍もいたりして、五万石時代にも一三一人が新参として召し出されている。結局十万石に復した文化十四年時点での家臣は四八五人。収入は半減していたのに、十万石だった時の七七パーセントと、四四パーセントに削減した時から増加している。こうした点が財政難の原因であろう。ただし、加増直前の文化九年（一八一二）の分限帳では家臣は三七四人であり、削減当初より一五パーセント増だけである。もちろん人件費の一五パーセント増は大きいといえる。単純な人数増加だけでなく中身を検討すれば、その人物を雇ったことで増えた事業費もあろう。文化九年の家臣数をどう考えるかは今後の課題である。

ともかく、大名家は有能な家臣をもっていることが、将軍の御役《おやく》にも立ち、大名同士の仲間うちで面目を施すことができると考えられた時代であることを考慮すべきであろう。ましてや、良い家臣をもつことは、徳川家康以来徳川家の美風であり、かつまた越前家嫡流たる嫡家としては、有能な侍を抱えることを実践した結城秀康の家柄として当然のことであった。そうした意識が数字にも出ていて興味深い。もちろん有能な侍を召し抱えることは、いずれの大名家でも行っていることであるが、越前家はほかに先んじて行うという点に特徴があったのではないかと思われる。

ここにも蘭学・洋学が興隆する背景を見ることができよう。蘭学・洋学は政治的には徳川家が将軍として君臨した安定した時代にあって、将軍家も認める重要な学問であり、そこで頭角をあらわせば一人藩士の名誉ばかりではなく藩主や藩全体の名誉になる、いってみれば、時代の要請に合致した、費用対効果の面で優れた投資である。

十万石の格式に戻り、さらに石高を望んでも難しい時代にあって、良い学者を抱えることが藩主のステータスになったのである。それが、良き蘭学者を抱え、そこに有能な人材が集まり、さらに業績を上げ、蘭学の中心地になって行く。津山藩に蘭学・洋学の人材が集まったのはこうした正のスパイラルがうまく働いたからであろう。

なお、新たに召し抱えた者は、現在の家臣の部屋住みや縁者、旧松平家家臣、旧森家家臣などであった。五万石時代の末期、文化九年が三七四人で、五万石加増後、天保十一年(一八四〇)は、四八七人になっていた。約一一三人の増加である。享保十一年(一七二六)、五万石減封となった時が、家臣団が最も多かったが、その時の数六三〇人まではいかないところを見ると、財政規模を考慮するとこの人数になるのだろう。そうなると費用対効果がますます重要になってくるのである。

## 斉民の心願

天保七年（一八三六）正月、五年前に家督を相続した斉民は、二十三歳になっていた。斉民は、幕府の老中大久保忠真《おおくぼただざね》★と勘定奉行明楽茂村《あけらしげむら》に石高加増の内願を提出した。明楽は、八代将軍吉宗が紀州から連れてきた御庭番《おにわばん》の家筋で、情報収集に長けていた有能な勘定奉行であった。斉民の心願は、前年から始まっていた。越前家三代光長時代の石高に戻したいとのことなのだが、その真意は越後高田で二十五万石なのか、津山で都合二十五万石なのか分からないが、おそらく美作一国で二十五万石を望んだのであろう。なぜなら斉民は後に、「美作中将」と呼ばれるようになったので、美作一国を要望した可能性が大であろう。斉民が言うには、「最近は所々に上地《あげち》★もあるだろうから、何とかしてほしい。自分はほかの一門に劣り、これでは越前家嫡流として残念である」と必死であった。この背景には、分家の忠昌の系統が三十万石で福井を領しており、本来の本家の津山が十万石では福井が本家のようで紛らわしいのだということで、それは斉民だけでなく、津山藩全体の思いであった。斉民は、藩の担当者を幕府の勘定所《かんじょうしょ》★に派遣し、勘定方の様子を探らせ、加増額は五万石を欠けてはだめだとダメ出しをしている。

正月の心願提出直後には、老中大久保忠真と松平乗寛《まつだいらのりひろ》★に面会し、越前家嫡流

▼大久保忠真
小田原藩主。二宮尊徳（金次郎）を登用し、藩政改革を行った。

▼上地
幕府に召し上げられた土地のこと。

▼勘定所
財政などを司る役所。

▼松平乗寛
西尾藩主。寺社奉行や京都所司代、老中などを務めた。

▼徳川斉順
十一代将軍徳川家斉の七男で、紀州藩主となる。斉民の兄。

の由緒を考えてほしいと懇願している。さらに大奥女中瀬山や実兄紀州藩主徳川斉順《なりゆき》★、実父家斉の寵愛を受けたお美代の方の養父で隠居旗本中野石翁《なかのせきおう》をも動員しての「必至之内願」であったが、十月、「すでに五万石を加増している、昇進にも配慮している、同族の方々からも同じような願いがあり津山藩だけを特別扱いできない」という理由で断られた。加えて幕府も苦しいので同族の方々こそ、そのあたりを考えてほしいと、かえって藪蛇になりかねない状況になりそうだったので、斉民は内願を取り下げざるを得なかったのである。それでも、「水戸家や福井家等からも内願が出されているが、正式に返事をもらったのは当家だけで、それは越前家の家柄を配慮してもらったのだ」と溜飲を下げている。

## さらなる加増のために

ところが十月初旬になって、幕府勘定所《かんじょうしょ》からは別の逆提案がされたのである。斉民の内願は認められないが、現在の津山藩領のうち、三万石を差し出してほかの土地と交換し、さらに

### 天保7・8年（1836・37）領地交換地域および石高

| | 新領地域 | 石　高 | 上知の地域 | 石　高 |
|---|---|---|---|---|
| 天保7年 | 美作国吉野郡 | 2252石837合 | 美作国大庭郡 | 20758石915合 |
| | 〃　勝南郡 | 3270. 733 | 〃　東北条郡 | 1290. 728 |
| | 但馬国気多郡 | 8301. 927 | 〃　西々条郡 | 8075. 867 |
| | 丹後国竹野郡 | 11931. 661 | | |
| | 〃　熊野郡 | 4368. 352 | | |
| | 合　計 | 30125. 510 | 合　計 | 30125. 510 |
| 天保8年 | 美作国大庭郡 | 13071. 377 | 但馬国気多郡 | 8301. 927 |
| | 〃　西々条郡 | 246. 521 | 丹後国竹野郡 | 11931. 661 |
| | 〃　東北条郡 | 127. 448 | 〃　熊野郡 | 4368. 352 |
| | 〃　英田郡 | 272. 191 | | |
| | 〃　勝南郡 | 3649. 310 | | |
| | 〃　久光北条郡 | 4210. 432 | | |
| | 〃　久光南条郡 | 465. 060 | | |
| | 讃岐国小豆島 | 5891. 070 | | |
| | 合　計 | 27933. 409 | 合　計 | 24601. 940 |

『江戸日記』参照

差し出した先の三万石を津山藩の預地に申請する。要するに元の三万石は預地、新たに下賜された三万石は新知となる。この裏ワザは、計算すると実質的に二千二百石の増加と等しくなるというものであった。将軍家斉が最晩年とはいえ生きているので、勘定所としても、家斉の子斉民の内願を無視できず、できる限りの最善の方法を編み出したのであろう。たまたま仙石騒動で、但馬《たじま》出石《いずし》に二万八千石の上地が生じたことによる提案である。

幕府にとっては、名目上減収になるが、最高権力者の顔色を忖度《そんたく》した結果である。結局、斉民はこの案を受け入れ、三万石を返上し、あらたに同じ三万石を与えられた。

しかし、斉民もそのまま単純に預地にしたわけではなく、条件闘争を行った。老中水野忠邦に三回願書を出し、「領分と続きの土地がほしい」「小豆島全島がほしい」「但馬・丹後はもちろん吉野郡は遠いのでいらない」「幕領となった村々は当藩預地とし、現在の預

**天保8年（1837）6月領有希望の村々**

| 郡名 | 村名 | |
|---|---|---|
| 大庭郡 | 上河内村 | 下河内村 |
| | 赤野村 | 西原村 |
| | 田原村 | 野川村 |
| | 古見村 | 平松村 |
| | 目木村 | 樫村西谷 |
| | 樫村東谷 | 余野下村 |
| | 余野上村 | 久世村 |
| | 中嶋村 | 鍋屋村 |
| | 多田村 | 台金屋村 |
| | 大庭村 | 三崎河原村 |
| 西々条郡 | 入村上分 | |
| 東北条郡 | 塔中村 | |
| 久米北条郡 | 宮尾村 | 久米川南村 |
| | 中北上村 | 同　下村 |
| | 南方中村 | 戸脇村 |
| | 領家村 | |
| 西北条郡 | 寺和田村 | |
| 勝北郡 | 奥津川村 | |

| 郡名 | 村名 | |
|---|---|---|
| 勝南郡 | 瓜生原村 | 吉ヶ原村 |
| | 飯岡村 | 湯郷村 |
| | 小矢田村 | 中尾村 |
| | 岩見田村 | 入田村 |
| | 為本村 | 岡村 |
| | 百々村 | 周佐村 |
| | 明見村 | 金井村 |
| | 中原村 | |
| 久米南条郡 | 押渕村 | 大戸下村 |
| | 大戸上村 | 塚角村 |
| | 金屋村 | 定宗村 |
| 英田郡 | 倉敷村 | 沢村 |
| | 三海田村 | |
| 小豆島 | 池田村 | 枝郷11 |
| | 土庄村 | 〃 5 |
| | 淵崎村 | 〃 3 |
| | 小海村 | 〃 6 |
| | 上庄村 | 〃 1 |
| | 肥土山村 | 〃 1 |

『江戸日記』による。

地と交換してもらいたい」との条件と共に領有希望村名リストを付けた。なんともあっぱれである。結局この願いは、完全ではないがほぼ受け入れられた。この結果、津山藩は十万三千三百三十一石になったのである。その後、斉民は何度も加増願いを出しているが、認められることはなかった。

ところでこの時藩領となった小豆島に関して述べておこう。斉民がなぜ小豆島を望んだかであるが、内陸藩の津山藩としては、瀬戸内海に海港がほしかったからだ。万が一、飢饉になった場合、江戸屋敷に現物の米を送らねばならないが、瀬戸内海に拠点があれば便利である。だが、小豆島全島領有が認められたかというとそうではない。小豆島八千石のうち五千石、約六三パーセントであった。

小豆島の支配は、代官所を設置し、その下に六人の大庄屋を置いて行われた。大庄屋には、美作と同じく三人扶持が支給された。安政元年（一八五四）、プチャーチンが大坂湾に出没した際は、津山から六四名の藩士が小豆島警備に派遣された。津山藩廃藩後、小豆島は津山県、北条県を経て明治五年（一八七二）に香川県へと編入された。

# 5 津山文化の華

山陽から山陰に抜ける出雲街道が通る津山は、古くから交通の要衝であった。そのため、江戸や上方などから学問や絵画などの文化が流入し、花を咲かせた。洋学の知識と絵画などが結びついた江戸一目図屛風がその代表作である。

## 津山の藩校

明和二年（一七六五）、五代藩主康哉が、内山下にもうけた学問所が藩校の最初である。康哉は、同じく学問好きな出羽米沢藩主上杉鷹山《ようざん》や肥後熊本藩主細川重賢《しげかた》と交流があり、参勤交代の折りには京都の著名な儒者皆川淇園《みながわきえん》に師事した。淇園の京の塾弘道館には、小石元俊《こいしげんしゅん》★や帆足万里《ほたりばんり》★、松浦静山《まつらせいざん》★など全国から優秀な人間が集まり、塾生一三〇〇人といわれていた。

康哉は、細川重賢の推薦で熊本藩士大村荘助を採用、学問所の責任者とした。そのほか教員には飯室武中（荘左衛門）、河合憲之丞、山下官弥、名越七郎右衛門、軍学者には正木兵馬などがいた。しかし、藩士の風儀はとかく易きに流れがちで武芸を怠ることも多かったことから、康哉はしばしば学問所を訪れ、学問する藩

▼**小石元俊**
京都の医師で、杉田玄白や大槻玄沢などと交流があった。

▼**帆足万里**
日出藩の家老の子として生まれ、日出藩の藩校教授などを務めた。

▼**松浦静山**
平戸藩主であったが、隠居後『甲子夜話』などを著した。

士たちを励ました。

七代藩主斉孝も学問好きで、大村成夫（大村荘助の子）、永田敬蔵、稲垣武十郎、昌谷《さやか》五郎《ごろう》らの儒学者を登用し、結果として学問所を盛り立てたといえよう。

八代斉民の時代、学問所が低迷していたのを見かねた昌谷《さかや》五郎が、「美作は海と学校がない国柄だと世間では皆言っている。まさに国の恥であり、家臣としてこれほど残念なことはない」と建白し、学問所と武道稽古場を統合して文武稽古場とした。

九代慶倫の時代、安政五年（一八五八）、郡代山本恭二郎の建白を容れて藩校改革が行われた。眼目点は、文武奨励、出席督励、全藩士勤学、朱子学奨励、国学・漢学・洋学の三学兼修であった。

組織も、家老が学問所総裁を務め、大目付が学校掛、水練師範植原六郎左衛門と槍術師範宮田耕助が学監兼世話役、教員には大村斐夫（箕作阮甫の妻のいとこの子）、鞍懸《くつかけ》寅《とら》二郎《じろう》などがいた。維新前後には入学生三五〇名を数えたという。明治三年（一八七〇）に修道館と改称、翌年の廃藩により廃校となったが、北条県が置かれ中学が開設され、同六年には廃止された。その後、同二十八年に津山尋常中学校が開設されたが現在は県立津山高校となっている。したがって藩校と津山高校は直接結びつかないが、江戸時代の藩校や郷学、あるいは私塾での学問的営為が、明治日本の地方教育の基礎であることは疑いのないところで、近代化は、江戸時代があってこそということはいえるだろう。

## 津山の参勤交代

ここでは津山松平家の参勤交代を取り上げる。越前松平家にとって参勤交代は苦い思い出がある。初代秀康の子忠直は、将軍秀忠への参勤を怠り、豊後に流された。忠直は、父が中山道横川の関所を押し通った故事を勘違いしたのかもしれない。横川で鉄砲を見とがめられた秀康は、鉄砲を改めようとする関所役人に対して、「将軍の関所で、将軍の兄である私に無礼を働くのは将軍を軽蔑することと同じである。そのままにしておくことはできない。すべて撃ち殺せ」と言い放った。役人たちは恐れおののき江戸に逃げ帰って秀忠に報告すると「秀康卿から殺されないでよかったではないか」と言って笑いとがめだてしなかった。

秀忠としては兄秀康では仕方がないとするしかなかったし、それでもまだ両者の信頼関係はあったのだろう。秀忠と忠直とはそうした関係になかったと思われ、身内の忠直が参勤しないでは、ほかの大名に示しがつかず、いずれ自分の後継者である家光が困ることは目に見えている。この当時の忠直にはそこまで先を読むことはできなかった。たとえ親類でも秀忠は容赦はなかったのである。形だけでも進んで出てこなくてはだめな行事が「参勤交代」であったのだ。参勤交代はま

徳川秀忠肖像写
（東京大学史料編纂所蔵）

さに政治的な行事であった。
しかしながら、津山松平家では幼主が続き、参勤交代が行われない時期がいくつかあった。最初は享保六年（一七二一）から寛保元年（一七四一）までの二十一年間で、幼主が浅五郎、長熙、長孝と続いたためである。次は宝暦六年（一七五六）から明和四年（一七六七）の十二年間で、長孝が長く病気であったのと、嗣子の康哉が幼少であったためである。嗣子は、江戸に住んでいなければならない。そのため嗣子が藩主となった当初は、江戸在住が普通である。幼主の場合、国元に行っても城を守り領国を経営するのは困難と考えられ、元服まで待って帰国するというのが当時の慣例であった。また、斉民の場合、嘉永年間（一八四八〜一八五四）は参勤交代をしていない。ちょうどペリー来航や開国の時期で多忙だったことと本人の持病があったことによる。この時期の老中首座阿部《あべ》正弘《まさひろ》は、自分が頼りにしていた大名に対して、制度の範囲内で参勤交代を延期することをしており、そうした阿部の政策を利用したのであろう。

斉民の跡を継いだ慶倫は、文久三年（一八六三）が最後の参勤となった。元治元年（一八六四）に帰国したが、以後、いわゆる「大政奉還《たいせいほうかん》」（「政権奉還」の方が用語としては的確）まで参勤することはなかった。幕府の権力・権勢が衰えると共に、参勤交代も形骸化していった。参勤交代は幕府の権力・権威を象徴するものであり、参勤交代の行列も、参勤交代を行う大名たちの権力・権威を示すもので

「将軍宣下に付き津山藩主江戸登城の図」（部分）
（津山郷土博物館蔵）

あった。

津山にはそれを今に伝える乗物、輿《こし》、熊毛槍《くまけやり》、絵画資料などの貴重な史料が残っている。絵画資料の中で、文化十四年（一八一七）の斉民の初入国を描いた「拾万石御加増後初御入国御供立之図」には藩主よりも三日前に出発した「女中差添御医師　宇田川榕庵（ママ）」が描かれている。駕籠の簾《すだれ》が上がり、窓が開いていて坊主頭の榕菴の姿が見える。明治十七年（一八八四）の成立であるが、斉民（当時は隠居して確堂）に見せるためのものといわれているので、正確を期して描かれたものであろう。この行列が、城下に入った時には、砂の上を厳かに進んで行ったのである。

さて、参勤した場合は、江戸の屋敷に居住した。藩主の居る屋敷を居屋敷もしくは上屋敷といった。忠直が豊後配流となり、また、子光長も越後騒動で伊予松山に流されたため、江戸の屋敷を失うことになった。その後、貞享四年（一六八七）、光長が許され江戸に帰還した時に住んだのが、柳原屋敷で、現在の千代田区神田須田町界隈にあった。

光長の母で忠直の室、将軍秀忠の娘・勝子が住んだ屋敷が高田屋敷で、忠直配流後の寛永三年（一六二六）に秀忠から下賜された。現在の新宿区喜久井町あたりである。高田屋敷は、江戸時代を通じて中屋敷（控の屋敷）や下屋敷（別荘）として使われた。幕末の坪数は一万坪であった。

「拾万石御加増後初御入国御供立之図」より宇田川榕菴部分
（津山郷土博物館蔵）

元禄十一年（一六九八）に柳原邸が類焼したため、拝領したのが鍛冶橋屋敷で、以降、居屋敷となり、上屋敷であった。最初は七〇〇〇坪だったが、斉民の受け入れで広くなり、最終的には一万一一三一坪となった。現在の千代田区丸の内二丁目である。

## 衆楽園の歴史

衆楽園は森家時代に造営された北御屋敷を源流とする庭園である。明暦三年（一六五七）の記事が初見であるが、造られた経緯などは不明だ。延宝三年（一六七五）、長継の室で、四男長俊の母・継光院が隠居して住んだ。貞享元年（一六八四）には継光院の娘於千が大関伊予守に嫁ぐ時に北御屋敷から出発したという。森家改易まで継光院が住んでいたと思われる。

松平家の時代になると元禄十五年（一七〇二）に北御屋敷修復記事が見られる。新藩主宣富の初入国に伴う修復と考えられる。入国した宣富は、北御屋敷の御対面所で家臣謁見をしたという。これが「御対面所」の初出である。家臣のみならず、東本願寺や松平伊予守、松平安芸守の使者もここで謁見している。

その後は、藩主の私的な別荘として利用されたという。武術や相撲、神楽なども催され、一般の藩士や町人が見学を許されることもあった。さらに籾山村人に

夏の衆楽園

よる盆踊りを藩主が見たこともあった。

なお、享保年間（一七一六〜一七三六）には、新田開発の対象となり、次第に縮小していったといわれている。

また、天保三年（一八三二）三月には隠居した斉孝のための西御殿造営の準備が始まり、九月に完成して、以降、居住が始まった。規模は二三八〇坪であった。その後、文久三年（一八六三）には隠居した斉民が西御殿を増改築して、慶応元年（一八六五）まで居住した。西御殿は斉民が出た後は、明治初年より建物が徐々に取り壊され、土地は山北村に戻された。

「御対面所」は、明治三年（一八七〇）に衆楽園となり、明治五年に北条県の管理下に置かれ、「偕楽園」となった。その後うち捨てられ、師範学校や病院として利用されたが、明治十七年に松平家から寄付された二〇〇円で整備され、「津山公園」として利用されることになった。この年は確堂が津山入りしているので、なんらかの関係があろう。大正十四年（一九二五）、津山町に移管され、衆楽園に復した。現在は津山市が管理する庭園として市民に親しまれている。平成十四年（二〇〇二）に国の名勝に指定された。

## 津山藩の絵師たち

見たままを、あるいはそれ以上を紙の上に残す技法が絵である。もちろん想像もありうる。それは特殊な技術であった。したがって誰もができる仕事ではない。そこに絵師という職業が生まれる。権力者は余力があるから、自宅を絵で飾り立てる。そこに御用絵師が生まれる。御用絵師は、室町将軍の御用を務めた周文《しゅうぶん》★に始まるという。それを小栗宗湛《おぐりそうたん》や狩野正信《かのうまさのぶ》が引き継いだ。さらに信長・秀吉に仕えた狩野永徳《かのうえいとく》が有名だ。永徳の孫狩野探幽以降、狩野派は江戸幕府や諸大名に仕え、その地位を確立した。藩での仕事はもちろん絵画の制作だが、藩主やその一族や門弟への指導、古画等の鑑定や領内絵図の制作にも携わり、また、他家との取り次ぎや時には、藩主のプライベートな用向きなども依頼されることもあった。

津山藩森家では、正保二年（一六四五）、幕府から美作国絵図作成を命じられた時に牧野新兵衛と絵師嘉右衛門に下図を書かせ、幕府に内諾を求めた。その上で江戸の町絵師に清書させ提出したという。絵師は、鉄砲薬拵や料理方、鉄砲師、大工、砥屋《とぎ》、塗師《ぬし》屋など諸職人と一括して分限帳に記されている。

津山藩松平家では、宝永五年（一七〇八）の分限帳に織田孫三郎の名前があり、絵師とは書かれていないが、絵師と考えられるという。享保五年（一七二〇）に、狩野洞学が御用絵師として召し出されたのが最も早い例である。一〇両一〇人扶持であった。洞学の祖父も父も光長の御用絵師だったが、延宝九年（一六八一）

▼周文
室町時代の僧侶で画家。

の光長の伊予松山配流で、父が浪人となり、その後、他家に仕えたという。

洞学は津山に屋敷をもらい、翌年、浅五郎の相続に伴う幕府国目付派遣に際し、城絵図作成を命じられた。ほかにも城下町絵図などにも関わった可能性が高い。その功であろう、同十一年、小従人組となり正規の士分となった。

ところで、花沢久兵衛の二男兵四郎が洞学の継嗣になっていた。同十五年に離縁を願い出たが、翌十六年に、離縁を取り下げる願いを出した。藩当局は、兵四郎に技術があったので相続を認めた。元文二年（一七三七）、洞学は再び離縁を願い出た。その直後、洞学は遠慮・慎《つつしみ》を命じられ、さらに永の暇を言い渡され、他家奉公は一切できない「構《かまい》」をも付加されている。この時期、ほかにもこうした厳しい処分を受けた藩士もいるが、度重なる願いは認知症であった可能性もあり、あるいは、洞学の性格に問題ありとされ、どのように技術があっても他家にも迷惑がかかると藩当局が判断したのではないだろうか。一説には洞学の娘に問題があったともいわれている。本人ではなく娘の身持ちで「構」が言い渡されるかどうか、いささか心もとない話ではある。なお、ここで出てきた兵四郎が狩野如林で、のち瀧波文庫と改名しさらに最終的に狩野家系図を入手して、狩野如林を名乗った。如林には市治という跡継ぎがいたが、絵心がないと料理方見習に転向した。市治は養子を取り、瀧波如泉とし、のちに狩野如泉を名乗った。

ほかに、明和四年（一七六七）池淵宇助が坊主並絵書に任命され如水を名乗り、のち狩野如水を名乗った。

　このように藩はさまざまな形で絵師を登用した。それは芸術系や技術系の藩士は藩主の目にかなった人材にあたることが難しく、登用が難しかったからであろう。

## 鍬形蕙斎と津山

　たとえば、「江戸一目図屏風」で有名な鍬形蕙斎《くわがたけいさい》は、もとは江戸の浮世絵師北尾三二郎だった。北尾は明和元年（一七六四）、江戸の畳職人の子として生まれ、浮世絵師北尾重政に師事し、天明元年（一七八一）、三二郎から北尾政美《きたおまさよし》を称した。黄表紙、絵本、地誌、随筆などの刊本に挿絵を描いていた。また、幕府医官桂川甫周の弟森島中良の『紅毛雑話』に、司馬江漢《しばこうかん》★などと共に挿絵を描いていることからも分かるように、江戸の蘭学界とのつながりが深い。寛政六年（一七九四）、北尾は大役人格（士分の一歩手前）、一〇人扶持で絵師に召し出された。これは藩主松平康哉の最晩年にあたっている。北尾は「近世職人尽絵詞」を松平定信に献上しており、その制作も定信が命じたものといわれている。康哉が親しかった松平定信などの紹介により津山藩絵師に挙げられたのであろう。それゆえ「近世職人尽絵詞」を定信のもとで見た松浦静山は、「最絶作」「真に迫る」と作品を絶賛

▼司馬紅漢
幕末の画家で、西洋的な画法を取り入れた作品を数多く残す。

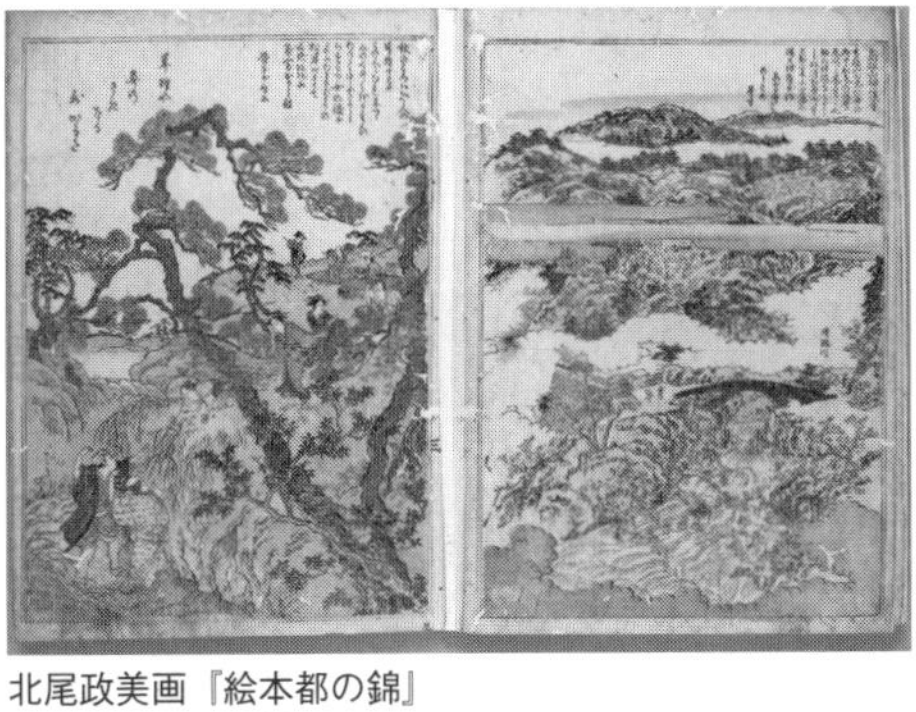
北尾政美画『絵本都の錦』
（国立国会図書館蔵）

している。「江戸一目図屏風」や「津山景観図屏風」は津山藩の御用絵師になって以降の作品であり、津山藩の要望で描いたものではないだろうか。「江戸一目図屏風」は、津山藩上屋敷鍛冶橋邸が比較的大きく描かれている。蕙斎は寛政九年（一七九九）には狩野養川院惟信について伝統的な画法を学んだ。そして仙台藩医大槻磐渓《おおつきばんけい》のペリー艦隊見聞絵巻「金海奇観《きんかいきかん》」に携わったのが蕙斎の養子の赤子《せきし》である。赤子については次章で詳しく述べる。

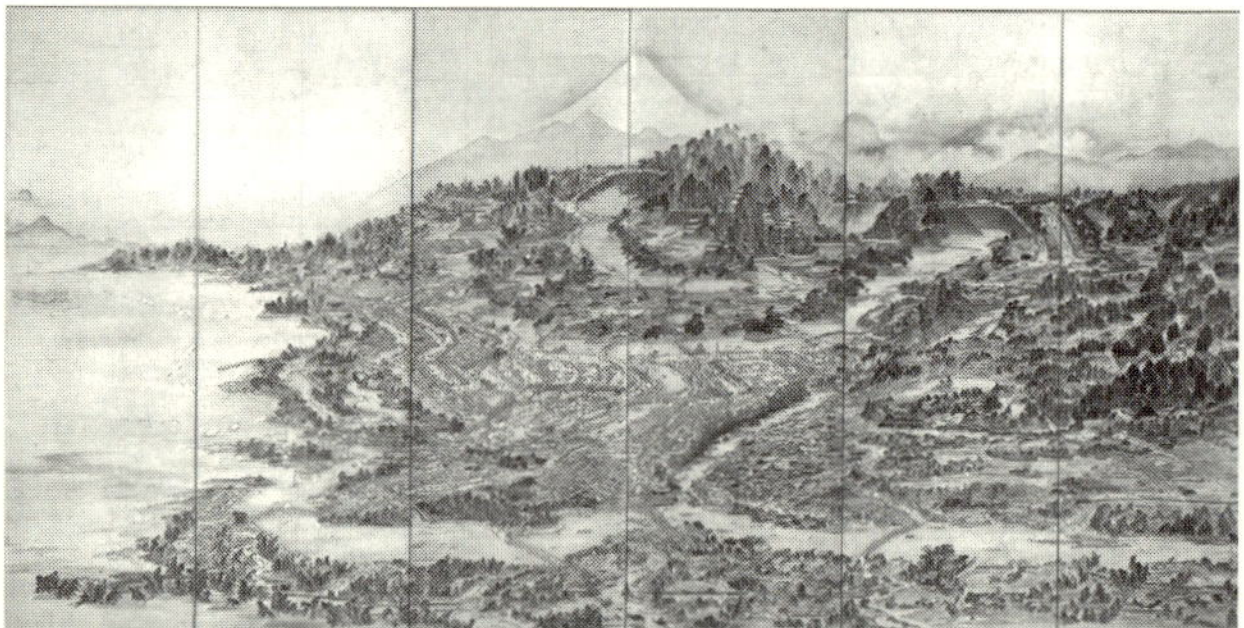

「江戸一目図屏風」（津山郷土博物館蔵）

これも津山

# よそ者から見た津山
# 広瀬旭荘の紀行文

嘉永六年（一八五三）のペリー来航の翌年閏七月二十五日のことである。

全国にその名が知られた豊後日田の漢学塾咸宜園を創設した儒学者広瀬淡窓の末弟にして咸宜園を主宰した広瀬旭荘は、大坂から旅に出た。

明石まで船旅で、加古川・姫路・佐用・勝間田を通って八月四日津山に入った。津山手前の池原村では鍛冶屋の金属をたたく音を聞き、仁井田（新田）、川鍋（河辺）を通過し、水車小屋など見ながら、金田（兼田）、川崎を過ぎる頃朝からの雨は止み、くっきりと津山城の物見櫓が見えたという。城の南に町が広がっている様子も美しいと記している。

玉林（玉琳）の茶屋で休み、元真なる人物の待つ繁華街の旅籠大笹屋に急いだ。高札場を通り過ぎたところ、老人が胡麻を晒しているのに出会う。「この土地は始め越前の国が先祖の領地だったというので行事はすべて、必ずおごそかに行うとして未だに田舎の素朴な風情がある」と感想を述べている。幕末の時期でも越前松平家の誇りと雰囲気が、町の中に息づいていることが分かる。部外者だからこそ、それを感じたのであろう。

徳守神社

翌五日は津山城下の総鎮守に参詣したが、残念なことに荒れ果てていたという。六日は藩士内藤熊蔵を訪問、たいへんおいしい柿を御馳走になる。友人宅で津山藩士で儒者の大村斐夫（蘭学者箕作阮甫の妻といのいとこの子）と面談し、宴会になった。熊蔵も来た。七日も津山の文人たちと交流。軍事教練の銃声と太鼓とほら貝の音を聞いている。

ペリーの第二回の訪日では日米和親条約の締結交渉が横浜で行われたが、津山藩は、交渉が行われた応接所周辺に藩士を派遣して動静を見守った。そうした時代の雰囲気も津山では、軍事調練から感じることができたであろう。八日も熊蔵宅で大村らと交流を重ねた。結局二十一日、津山を出発、加茂・越畑・興津を経て、人形峠を越えて山陰に向かった。

これも津山

# 津山城「廃城」と「公園化」

明治二年（一八六九）、近世城郭は新政府の兵部省の管轄するところとなった。同省は明治五年陸軍省と海軍省に分かれ、城郭は陸軍省の所管となった。翌年、陸軍省はいくつかの城郭に鎮台を置き、「存城」と「廃城」を調査して、「存城」は陸軍省、「廃城」は大蔵省に移管し、「廃城」は処分の対象となった。一方、同年、公園設立の太政官布告が出され、「廃城」を「公園化」することが容易になった。

津山城も明治六年、「廃城」となり、大蔵省の指令のもと同七年から八年にかけて、一部の城地や建造物が払い下げられた。本丸も個人が購入したという。そして石垣が崩落すると河川堤防の石材として使用が計画されたこともあった。明治二十三年にも本丸の石垣が大きく崩落した。これまで通り、石材として払い下げられようとした際、視察した岡山県の河野忠三書記官が、城郭の破壊は取り返しがつかないこと、石材とするのは忍びないとして城址の存続を語った。そのため、案内した郷土史家で町会議員矢吹正則が、元会津藩士の手代木直右衛門（坂本龍馬を暗殺したとされる京都見廻組の佐々木只三郎の実兄）郡長に城址保存の願書を提出、手代木は県にかけあった。県は住民が望む方向で保存を、また方法に関しては地元で工夫するようにとの意向がしめされた。

そこで、矢吹は翌二十四年「鶴山城址保存会」を設立した。その趣旨は、単に保存するだけでなく、津山城全体の雰囲気を保存することをも目指していた。当時の城址は国有地・県有地・民有地が混在し権利関係が複雑であった。県有地は矢吹の従兄弟が県から賃借していたので、県に借地返還した。かくして同年津山町会は津山城址を町の基本財産に組み込むための払い下げ請願の決議を行い可決された。これにより町長は県知事に対して払い下げ願書を提出した。そこには、津山城の雰囲気を残していくことがうたわれていた。しかし、すぐに県から許可が下りなかった。

明治三十二年になって津山町会は津山城「公園化」を議論し、民間所有者との契約内容が明らかにされた。またその際、「天守」が存在しないことへの無念を語る議員もいたという。さらに、万が一外国人に売られてしまった場合　津山町民が城に入れないことになり、後世非難を受けかねないとの危惧も示された。その間、県との交渉も進められていたと見え、翌三十三年津山城址は町設公園となった。

その後、町会に公園委員が置かれて整備がすすめられ、ボタンザクラとソメイヨシノが植えられ、町会議員福井純一が公園委員となってからは福井が私財を投じて桜を植樹し、見事な桜の城が作り上げられていった。なお、日露戦争の帰還兵が苗を寄付したともいう。その後、大典ごとに桜が植えられ、全山が桜でおおわれた津山鶴山城址を今日見ることができるようになった。

# 第四章　近代化と津山藩

動乱の時代に隠居した前藩主斉民（確堂）が活躍する。

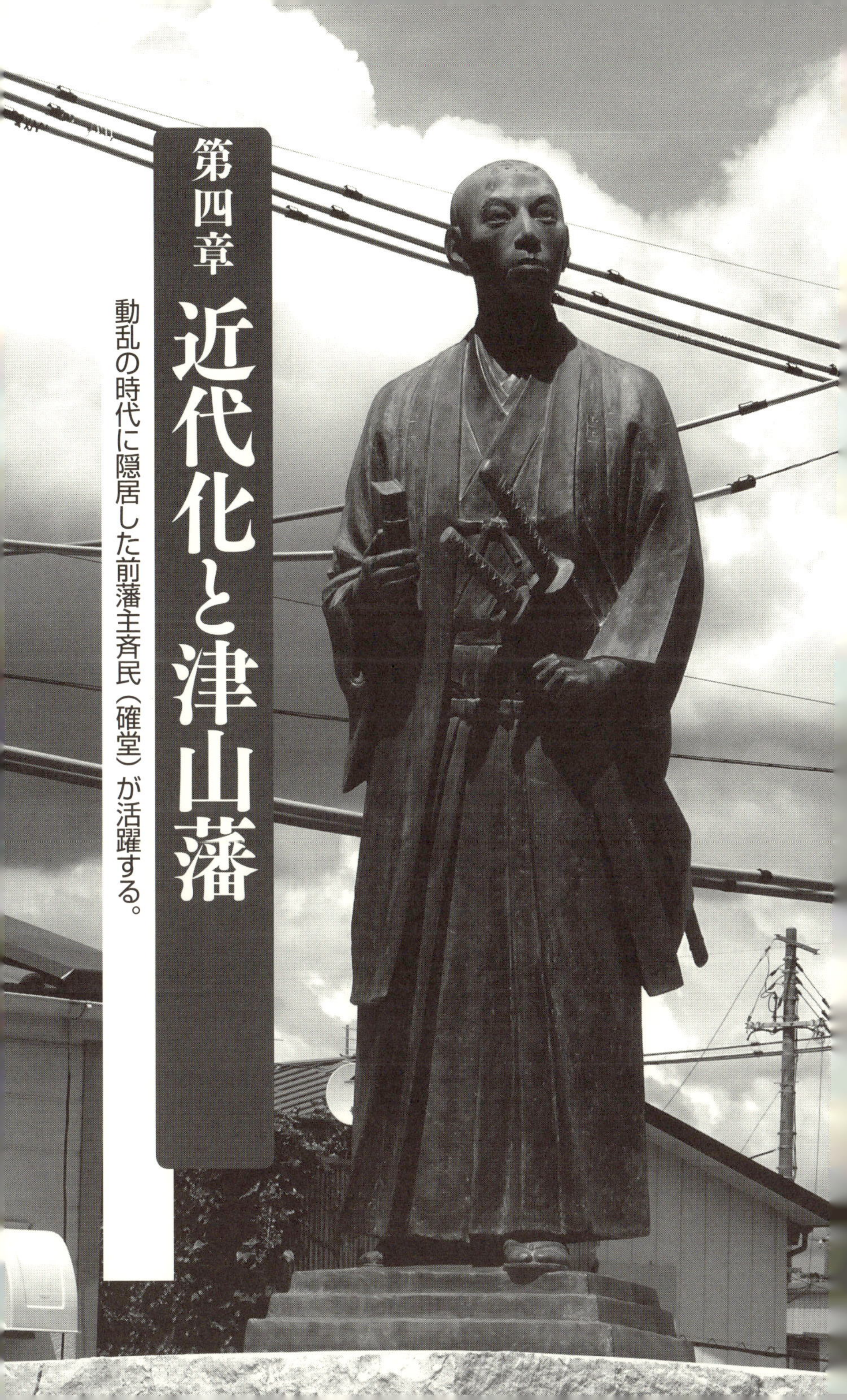

# ① 「津山洋学」か、「津山藩の洋学」か

宇田川家や箕作家をはじめとする洋学者たちは、
オランダ語による蘭学から他の言語を用いた洋学へと軸足を変えていく。
彼らは、蘭学を通して杉田玄白などといった当代一流の人々と交流を深めた。

## 蘭学と洋学の違い

これまであまり意識することなく、津山の蘭学・洋学、あるいは津山藩の蘭学・洋学と使ってきたが、そもそも津山と津山藩は微妙にニュアンスが異なり、また、蘭学と洋学も微妙に違う。津山は、一般地名であるし、津山藩は、森家時代と松平家時代では、藩領も異なる。蘭学は、オランダ語による西洋学問の受容であり、洋学は蘭学を含んだ英語やフランス語などの言語による西洋学問の受容である。ただし、漢訳洋書による西洋学問の受容も広くいえば蘭学・洋学に含まれることもあり、線引きは容易ではない。

幕府儒者新井白石《あらいはくせき》の潜入イタリア人シドッチ尋問では、シドッチが宣教師なのでラテン語とオランダ語を介して行われ、蘭学も含んだ洋学と言った方が実態に

即している。八代将軍吉宗の時代に、漢訳洋書輸入の緩和で西洋の学問が入ってきて、青木昆陽《あおきこんよう》・野呂玄丈《のろげんのじょう》はオランダ語を学んで著作もしたが、どちらかといえば洋学といったほうがいいかもしれない。

一方、田沼時代の前野良沢《まえのりょうたく》・杉田玄白の『ターヘル・アナトミア』（クルムスの解剖学表のオランダ語版）を翻訳した『解体新書』の刊行は、オランダ語を介しての医学（解剖学）なので蘭学といった方がしっくりくる。「宇田川三代」の頃は、オランダ語による翻訳が主流なので蘭学でもいいが、箕作阮甫の時代には、英語もロシア語もフランス語も入って来たので洋学と言った方がいい。さらにそれ以降は、「開国」期にあたり、英語が主流になり、かつドイツ語も入って来たので、なおさら洋学としたほうがよい。そうした意味で、洋学資料館はいいネーミングである。今後は、蘭学も含めて「津山藩の洋学」とするのが一番いいだろう。

さて、その津山藩の洋学興隆に外部からの要因として挙げておきたいのが、正確な日本地図の制作を目指した伊能忠敬《いのうただたか》★の津山領内における測量である。

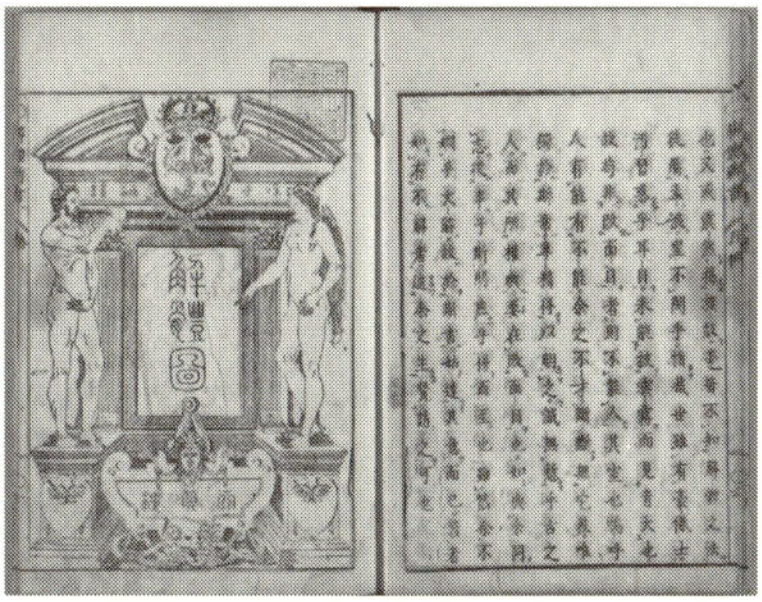
『解体新書』（国立国会図書館蔵）

**▼伊能忠敬**
佐原の商人。隠居後、日本全国を測量して歩き、日本地図を作った。最初の目的は地図制作ではなく、地球の大きさを計ることであった。

## ②伊能忠敬の領内測量

最初は地球の大きさを知ろうとして始められた伊能忠敬の測量。
日本各地を訪れた伊能忠敬は、津山にも立ち寄る。
わずかな滞在ではあったが、忠敬が津山に残したものは大きかった。

### 伊能隊の受け入れ

文化十年（一八一三）十二月四日、伊能らは第二次の九州測量を終えて山陰・山陽の内陸部を測量しながら、津山に至った。測量隊は津山に今までに一度来ていたので二度目ということになる。二度目の通過記録（町大年寄斎藤孫右衛門・玉置弥五兵衛の日記）からその詳細を検討したい。

一年前の文化九年十二月二十八日、津山の大年寄の「月番日記」では、老中が発給した伊能に関する触れが書き留められている。そこには伊能一行に「無賃之人馬」を提供するよう書かれていた。その後、「大年寄日記」では、翌年正月八日から関係方面に「聞合」、つまり情報収集に走り回っている。その後、伊能らの要望で津山の街道の通りの間数や町屋等を書き入れた絵図を整え、町々の破損箇所届提出、町順調などが行われている。また、鳥取の大庄屋と情報交換の約束をしていることも日記からうかがえる。

俄に忙しくなるのが同十年閏十一月八日、測量隊からの先触れが到来。それによれば、一行は松江・米子・倉吉・湯原・久世・上河内・坪井・津山・高野・野原と周るとのこと、人馬の継立《つぎたて》や案内することなどが分かった。総人数は一八人（ただし一名は御用中に死去したので実際には一七人）、夜、天体測量をするので、機材を持ち込むが、南北見晴らしのいい場所約一〇坪を用意してほしいこと、日程は雨天や測量機材の手入れなどがあるので、一定しないこと、宿泊・休息とも既定の代金を支払うので、有り合わせのもので一汁一菜でよいから出してほしいこと、そのほかは無用としている。宿々で提供する人馬は、人足七人、馬一匹、長持二棹であった。

結局、一行が津山に到着したのは十二月四日であった。

前日に、通行・測量の場所はきれいに掃除された。当日の四日は安岡町関貫《かんぬき》から測量が始まり、西今町橋、藺田町通広瀬橋詰、宮脇町より元魚町北の方、高石垣関貫、南の方は吹屋町見付、そこから引き返して元魚町、馬形町、二階町・境町で昼になった。午後は京町から今出屋横町、今津屋橋、そこから引き返し京町から東新町関貫《かんぬき》まで測量を行ったが、寺社は見計らい、ようするに測量はせずに見ておおよその見当をつけることとした。また武家屋敷は測量しなかった。

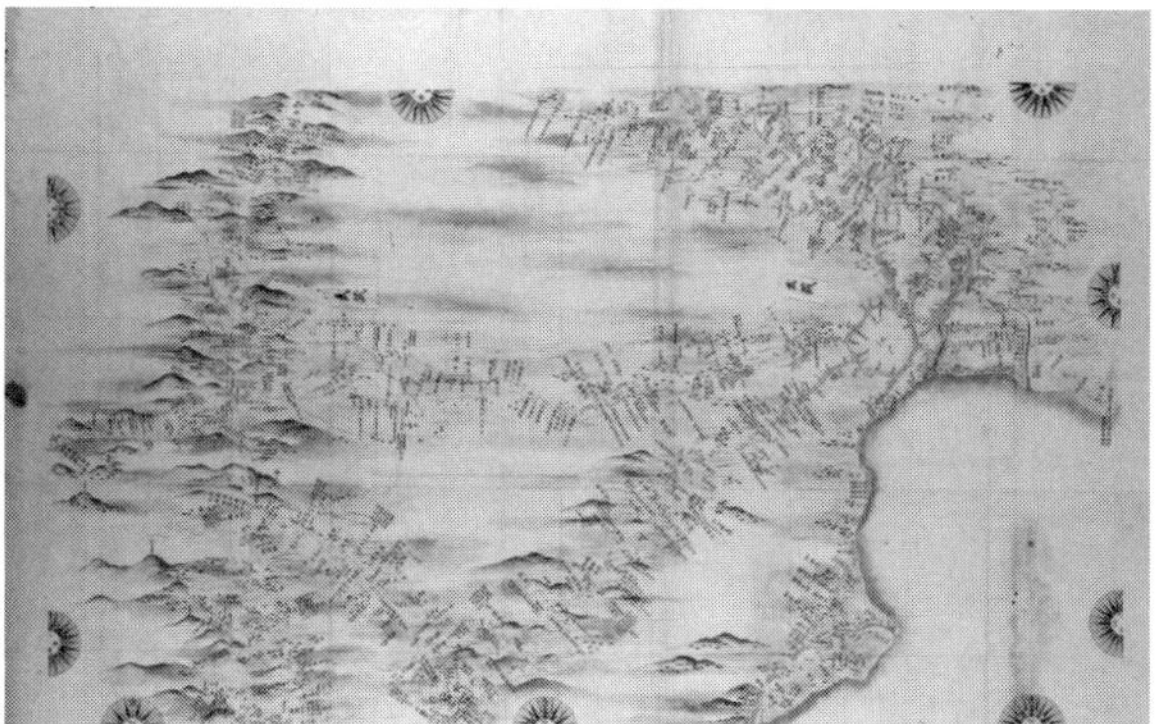
伊能忠敬の測量によって作られた地図の江戸湾周辺（国立国会図書館蔵）

宿は二階町野田屋清次郎、昼の休息は、京町砂屋宇兵衛であった。掃除には町年寄が付き添い、また、通りには測量が済むまで牛馬は繋ぎ留めてはならないとされ、庶民生活にもいくぶん影響があった。六日、日の出と共に測量隊は備前に向かって出立。津山藩や町の関係者はほっと胸をなでおろしたことであろう。ところが、測量隊が十六日に戻って宿泊するという先触れが、十四日に到来した。

津山、勝間田を通り、佐用から姫路に抜けるためである。大年寄斎藤は、宿で伊能と同行の今泉又兵衛に麻裃着用で面会。その後、今回の一件記録を藩役所に提出し、また伊能隊の宿に詰めていた者や情報収集をした者、人馬提供の問屋などに対して経費の精算と酒代を遣わしている。できるだけ有り合わせのものを提供し、手軽にとは言われていても、家門筆頭越前家嫡家の津山藩の面子もあって、町大年寄としてもなかなか容易ではなかったことが理解される。藩は町や村にある程度は丸投げでよかったが、担当させられる町や村の責任者は気が気でなかっただろう。

## 伊能隊が残した影響

そうした中で、伊能隊の測量術が地方におよぼした影響を見逃すわけにはいかない。伊能隊の通過した各地ではその後測量や絵図作成に従事する人々が多く出た。例えば、関東では常陸筑波郡上平柳村の上層農民間宮林蔵《まみやりんぞう》★や下総古河《しもうさこが》城下の藩士鷹見泉石《たかみせんせき》★、越中射水郡高木村の石黒信由などがいる。石黒は村役人で和算家でもあった。石黒のような人物が津山にもいないかと思い調べると、直接的に影響があったとはいえないが、中村周介とその兄の孫・嘉芽市がいる。

　十八世紀から十九世紀は、日本で、和算家の活躍が見られた時期である。関孝和《せきたかかず》★は、十八世紀初頭に亡くなったが、関流算法は孝和の弟子建部賢弘によって完成し、全国的に伝播した。美作で関流を極めたのが、中村周介であった。

　周介は、寛延三年（一七五〇）に生まれ、京都で医学と和算を学び、帰郷して医業に励む傍ら、和算を修めた。天文学にも造詣が深く、授時暦★の解説書や暦の草稿も作成したという。周介の最も重要な業績は、トンネル掘削による用水路を造ったことである。兄の孫の嘉芽市の手助けにより、岩山の両方からトンネルを掘り進め、口径二メートル、全長一〇〇メートルのトンネル（加茂川用水堀抜暗渠《あんきょ》）を完成させ、無事、加茂川の水を通過させた。のちに嘉芽市は江戸に出て、天文方高橋景保《たかはしかげやす》に師事した。景保は、伊能の師匠高橋至時《よしとき》の長男で、伊能忠敬の死後、日本地図を完成させた人物。こうして見ると中村周介や嘉芽市が伊能忠敬とまったく関係がなかったということの方が無理があろう。

　実は、伊能の測量は、十九世紀初頭からの対外問題とリンクしていた。寛政四年（一七九二）の日本に開港を迫るロシア使節アダム・ラクスマンの根室来航に

▼**間宮林蔵**
常陸国の農家の子として生まれ、幕臣となり、樺太が島であることを確認した。

▼**鷹見泉石**
古河藩家老。桂川甫周、箕作省吾、川路聖謨などと交流があった。

▼**関孝和**
日本で独自の発達を遂げた数学である和算に大きく貢献した。

▼**授時暦**
中国で使われていた暦の一種。

より、北方問題は幕府にとって焦眉の問題となった。その八年後、寛政十二年、伊能は蝦夷地の測量をすることが認められ、その後十七年間、第一〇次にわたって日本各地の沿岸を中心に実地測量を行った。その距離は四万キロメートル以上におよび、約六万回の方位測量と、各地点での天体観測による緯度測定が、正確な「伊能図」を完成に導いたといえよう。もっとも伊能は「伊能図」が完成する三年前に亡くなっている。

③

# 緊迫する対外関係

江戸時代中期以降、日本近海を異国の船が航行するようになった。海から遠い津山藩でもこうした動きに無関係ではいられない。ペリー艦隊の動向を探るため、津山藩では箕作秋坪が浦賀に派遣された。

## 差し迫った北方問題

さて、以下では、十八世紀末から十九世紀の日本の対外問題を簡単に叙述して、この時代を押さえておきたい。津山藩の洋学を考察する上で欠かすことのできない問題であるからである。

ロシア使節アダム・ラクスマンに伴われ、伊勢の漂流漁民大黒屋光太夫《だいこくやこうだゆう》が帰国した。光太夫は、将軍家斉に謁見、幕府奥医師桂川甫周にロシア事情を語り、甫周は光太夫の話しをもとに「北槎聞略《ほくさぶんりゃく》」を著した。本書は、ロシア知識の深化に大いに貢献。光太夫は、また、大槻玄沢や鷹見泉石などにも西洋事情を語り、江戸の蘭学者たちと交流をもち、彼らの北方情報や知識の向上に大いに貢献した。

寛政八年（一七九六）、イギリス軍艦プロビデンス号が、蝦夷地絵鞆《えとも》湾（現在の北海道室蘭）に来航した。北方・蝦夷地対策が喫緊の問題となったため、同十年、幕府は蝦夷地調査を行い、それをもとに翌年には、松前藩から東蝦夷地の上知が行われた。さらに、文化四年（一八〇七）には西蝦夷地を上地して全蝦夷地の幕府直轄地化が行われた。

ところで、ラクスマンが持ち帰った長崎入港の信牌《しんぱい》（許可証）を持って、日本開国を果たそうとしたのが、ロシア皇帝の侍従長で、露米会社総支配人のレザーノフである。レザーノフは、仙台領石巻《いしのまき》の漂流民津太夫を伴い、文化元年、長崎に来航した。幕府は、長崎にレザーノフを半年待たせたあげく、その要求を拒絶した。失意のレザーノフが下した命令により、部下らが、文化三・四年に樺太《からふと》・択捉《えとろふ》など蝦夷地の各地で略奪行為を働き、日露間は一気に緊張した。全蝦夷地直轄地化は、これが背景にあった。

折しも長崎では、文化五年にイギリス軍艦フェートン号が不法入港した事件により、長崎奉行松平康英《やすひで》が責任をとって切腹し、警備担当の佐賀藩主鍋島斉直《なりなお》が百日の逼塞《ひっそく》となっていた。そのため、イギリスとロシアが同盟を組み日本に攻め込んでくるのではないか、という英露同盟脅威論が生じた。こうしたことから文化八年、オランダ語の書籍から情報を得るために幕府天文方に蕃書和解御用が置かれ、大槻玄沢など当代一流の蘭学者や阿蘭陀通詞《おらんだつうじ》★が採用された。

このため、幕府直轄下の蝦夷地では、ロシアの襲撃に対して最高度の警戒態勢

▼**阿蘭陀通詞**
出島でオランダ人の通訳をした日本人役人。貿易業務も担当した。

をとっていた。北太平洋の測量をしながら日本に接近していたロシアのディアナ号艦長ゴロヴニンは、そうとは知らず、文化八年、国後島《くなしり》に少人数で上陸したところを幕府の役人に捕縛され、松前に連行・監禁された。副艦長リゴルドは情報収集のため、幕府の御用商人高田屋嘉兵衛を捕えた。文化十年、嘉兵衛の仲介によりゴロヴニン一行と嘉兵衛の交換が成立してこの一件は落着した。この事件によってロシア人は約束を守るよき隣人との印象を幕府に与えた。

## アメリカの動き

文政七年(一八二四)、薩摩宝島に上陸してきたイギリス人に対して薩摩藩が撃退した事件などにより対外危機認識がいやがおうにも高まった。

翌年、幕府は沿岸諸藩に対してロシア、イギリスなどの外国船を有無をいわさず一途に打ち払えと命じた。これは、オランダ商館を通じて西洋諸国に伝達された。しかしその方針が西洋諸国に十分に伝わったとは思われない。この方針に従い天保八年(一八三七)には、幕府は、日本人漂流民を伴い浦賀に来航したアメリカのモリソン号に対し砲撃を加えた(薩摩藩も山川沖で砲撃)。こうした幕府の対外方針に関して、天保十年、知識階級から「慎機論」(渡辺崋山)、「戊戌《ぼじゅつ》夢物語」(高野長英)など幕府批判の声が上がったが、幕府は強く弾圧。これを蛮社の獄という。この時、自殺に追い込まれた蕃書和解御用小関三英の跡役に推挙されたのが津山出身の蘭学者・津山藩医箕作阮甫だった。

弘化元年（一八四四）にオランダ国王の開国勧告の親書がもたらされたが、幕府はこれを丁重に謝絶した。

嘉永五年（一八五二）六月に着任したオランダ商館長が、別段風説書《べつだんふうせつがき》★の中で、長崎奉行に、アメリカ海軍のペリー率いる蒸気船艦隊の江戸湾来航予告情報を伝達した（ペリー来航予告情報）。時の老中阿部正弘はこれに危機感をもち、来るべき日に備えていた。情報を知っていた阿部の対応は早かったといえよう。かくして嘉永六年六月、ペリーが来日。大統領フィルモアの親書等（以下、アメリカ国書）を手渡し、再来日を通告して去った。そのアメリカ国書のオランダ語原文を翻訳したのが、箕作阮甫と江戸の蘭学者杉田成卿、そして津山藩医宇田川興斎であった。

## ペリー来航と津山藩

ここでペリー来航に関して、津山藩がどのような対応をしたのか、述べておこう。嘉永六年（一八五三）六月三日にペリー艦隊が浦賀《うらが》に来航した直後の七日、津山藩江戸家老代理の海老原対馬は、「万が一の場合軍勢を繰り出す命があるこ

▼別段風説書
江戸時代、オランダ商館長が幕府に提出していた海外の情報をまとめたものをオランダ風説書という。別段風説書は通常のものにプラスして提出していた特別ニュース。

久里浜に上陸したペリー一行「北亜墨利加蒸気船渡来図」（津山洋学資料館蔵）

とを心得よ」との藩主斉民の内意を、家老の安藤主税と大目付渡部其介に伝達した。安藤と渡部が実働部隊を率いることになるためである。

翌日、藩主斉民は、老中阿部正弘の屋敷で阿部と会談している。九日に久里浜《くりはま》で行われる国書受領に備えての江戸湾等の追加警備の件の打ち合わせや、今後の幕政に関して意見を交換したのであろう。実際の久里浜応接所では、彦根藩、松代藩、小倉藩が警備を担当し、川越・忍《おし》・会津、そのほかで江戸湾を防衛し、津山藩などはさらにその追加で待機を命じられたのである。川越藩の留守居から、逐一ペリー艦隊の動向の情報が津山藩に伝えられていた。ペリーの初回来日では最終的に津山藩の出動はなかった。この時、他藩からの情報だけに頼るのではなく、情報探索担当として浦賀に派遣されたのが、箕作阮甫の養子秋坪だった。秋坪は六月十日夜に江戸を舟で出発して翌日午前十時頃に神奈川沖に達し、午後二時頃、浦賀に到着した。この時、波風共に逆汐逆風で時間がかかり、同時期に浦賀に赴いた吉田松陰も難渋している。松陰は先に出発した佐久間象山らと浦賀の徳田屋で議論を闘わせていたが、そこに秋坪も参加していたといわれている。

なお、秋坪の報告書によると、ペリー側が測量のボートを多く下ろして作業している所を通り抜けねばならず、関わり合いをもったら大変だと覚悟して無言ですり抜けたという。また、浦賀の町は静かだったとも述べている。久里浜での国書受け取りでは、アメリカの軍隊が熟練していることがよく分かり、その様子に

佐久間象山
（国立国会図書館蔵）

吉田松陰（山口県文書館蔵）

多くの人が感嘆した。しかしながら、傍若無人に我が国の内海に入り込むのはよろしくないと報告している。また、帰府後も秋坪は報告書を認めているが、そこには浦賀奉行からのペリーへの下賜品（綿・吸物椀・団扇・煙管・鶏・玉子）と、ペリー側から幕府への献上品（金巾〔薄地の綿布〕・フラスコ・砂糖）が記されている。

さらに、なかなかペリー側が約束の時間に出帆しないことに浦賀奉行所が気をもんだこと、アメリカ船は中国での戦争の情報収集に行くことも認めている。これらは応接担当の浦賀奉行所内部からの情報であり秋坪の人的交流がこうした情報の入手も可能にしたのだろう。

国書受け取りの際、幕府側がペリー側に手渡した「浦賀は応接の地ではないが、当方はまげて受け取った。それを理解して速やかに出帆せよ」という外交文書も書き留めている。この手の報告書での現地での外交文書の写しを収集したものはあまり例がないので、蘭学者秋坪の情報収集の能力の高さがうかがえる。

# ④ 藩主松平斉民の「開国論」

ペリー来航に対して、時の老中阿部正弘は広く意見を求めた。藩主斉民は、親戚の蘭癖大名黒田斉溥の影響を強く受け、当時としては画期的ともいえる意見書を幕府に提出した。

## 老中に意見書を提出する

箕作阮甫らによるアメリカ国書の翻訳が終わると老中阿部正弘は、六月末、評定所一座や海防掛等に開示し意見具申を命じた。七月一日には多くの諸大名にも廻達して意見を聴取するという、従来の秘密主義的な政治運営から、情報公開と意見聴取という画期的な政治運営に転換した。もちろん、これには、ペリー来航予告情報に対して、福岡藩主黒田斉溥《なりひろ》の対外建白書提出（後述）が、勘定所の役人たちに衝撃を与えたことが前提にあったし、従来の江戸城の控えの間によった情報伝達という旧来のシステムの上に行ったものである。

結果的に八〇〇通以上の建白書が提出され、国内は百家争鳴の様相を呈し、幕府は求心力を失い、国論分裂、天誅《てんちゅう》の嵐が吹き荒れ、京都朝廷が政治的に伸長

松平斉民（矢吹金一郎編『津山温知会誌』第2編より）（津山洋学資料館蔵）

してついに王政復古・明治維新を迎えるきっかけになった。そうした点で、ペリー来航後の意見具申は重要だ。では、津山藩主松平斉民はいかなる意見書を提出したのか。数少ない「開国論」なのである。七月十八日付で提出した二通の意見書を取り上げよう。かなりの長文であるが、かいつまんで斉民の主張するところを紹介してみたい。

## 意見書の内容

斉民はまず、自家の立ち位置を、「格別な取り扱いを受け、将軍家の親戚であるから、今回のことは最初から寝食も忘れるほど非常に心配していた」とする。そして、「現今の世界情勢では、海運国は互いに開港して通商し、西洋およびアメリカ合衆国は、通商を生業として、全地球を周遊するのを常としている。我が国のみならず一、二のアジアの国が鎖国をしているので、西洋諸国は開国させようと隙を窺っているが、なかなか実現しない。ところで、アメリカは七、八十年前にイギリスから独立して繁栄し、カリフォルニアから中国やインドに通商のため往来する商船も増え、その都度、我が国近海を通過している。また、アメリカからの捕鯨船もわが近海で漁をすることも数えきれないほど多く、わが国は今やアメリカと隣国というような状態である。これらを名目に国交を結ぼうとしているのは、『自然の時勢』でもある」と述べる。

ここには、正確な世界情勢に対する認識が見られる。また、用語も適切で蘭学の知識がふんだんに取り入れられている。斉民の建白書はまさに津山藩の洋学の成果ともいえよう。

「さて、アメリカのカリフォルニアから中国・インドへの商船が日本近海で難破した場合、わが国の港に漂着する場合が少なくない。この場合、薪水を給与しそれなりの手当てをしている。しかし、帰国後、敵のような扱いを受けたと心得違いのことをいう者がいる。アメリカでは漂流民を憐れんで手厚い保護を与えていることからも、アメリカ人の漂流民を保護することはやむを得ないことで、格別寛容たるべきである」

ここには、土佐の漂流民中浜《なかはま》万《まん》次郎《じろう》（ジョン万次郎）らがアメリカで手厚く保護されたことが念頭にあると思われる。儒教精神から言っても、漂流民の保護は、断るべき理由が見つからない。のちの日米和親条約交渉では、漂流民の保護は真っ先に日本側に受け入れられた。

「アメリカ国書にあるように鎖国政策も将来にわたって堅持することは困難である。例えば今日一大強国イギリスは、元は小さな国であったが、世界中に領土を有し、世界中にイギリス人がいない土地はないほどになっており、交易を盛んにしている。わが国とも交易を望み、琉球に触手を伸ばしているのを見ればよく分

「捕鯨の図」
（国立国会図書館蔵）

かる。アメリカはイギリスに次ぐ大国で、今、艦隊を組んで隣好の名目で和親を結び、交易しようとしているのに、それを拒めば、容易に退去せず、戦争の端を開くことになる」

琉球にイギリス人が滞在していた情報もよく把握しており、中国でのアヘン戦争の轍《てつ》を踏まないようにと主張する。また、「四、五年引き伸ばし、その間に軍備を整える策は、虚偽の策であって有効ではない。それは『文明の御世《みよ》』ではなく、外国に対して聞こえが悪い」とまでいう。

そして、斉民は以下の策を建白する。

「今となっては、『権道』だとして和親を結び、交易を許容すべきではないか。なぜなら、世界の地理が明らかとなり、互いに通商する状況では、世界中から『鎖国』は不審に思われ『開国』が待たれるからである。たとえアメリカの要求を拒んでも、そのほかの国が涎を垂らして、狙っている状況は変わらない。今、アメリカが正当な理由で要求している時に許容するのは、好都合で日本の武威を失くすことにはならない。そして今それを行うためには、以下の節目がある。第一は人心がおごり怠惰に陥っているからその弊害を除去すべきである。第二は賄賂が盛んに行われ、権門に追従し、忠が日々衰退しているのを正すべきである。第三に大名が贅沢に流れ、幕府財政が逼迫し、従来の兵制では役に立たず、これら弊害を一掃すべきである。今、新たに通商を許容するならば、これらのことを同時に改革するのが急務である」

このように斉民は、通商を行うと同時に政治・社会・財政改革を行うことが急務としている。斉民の意見書は、諸外国との通商を行うためには、この際、現今の弊害を一掃する必要があり、通商許容と共に日本社会の改革を行うことを主張したすぐれたものである。通商に関しては具体的に以下のように述べている。

「通商に関してはわが国は慣れていない。したがって、問題が起きることもあるかもしれないので、オランダ人を仲介者として五年か十年の間に確かなものにしたらどうか。場所に関してはオランダ人と同様に長崎で商館を開かせ、通商するのはどうか。またキリスト教もアメリカは布教しないと言っているが、オランダ人への通りに禁令にしたら間違いがない。長崎に外国人が多く入り込むことになれば、現地の長崎奉行が一人体制では手薄なので、大名役の重き役人を派遣し、厳重に取り締まるようにしたらよいと思う」

さらに斉民の意見書では、「海岸線に領地のない内陸の大名にも大砲鋳造や台場構築、軍艦建造を行わせる。特に蒸気船を造らせて平時は運送船として運行させ、有事には軍艦として運用させれば、アメリカ人も軽蔑の心もやみ畏敬の念を抱くようになり、領土を狙うなどできなくなり、通商のみ行うだけになる」とする。

斉民の開国通商論はその文脈からすると、アメリカ限定であった。長崎にアメリカ商館を開設し、オランダを仲介者として五年から十年かけて交渉して本格な条約を締結し、通商を行う。また、内陸の諸大名にも蒸気船を運用させ、奢侈《しゃし》や賄賂横行する世の中を変革する。あわせて軍制をも改革する。こうすることで、西洋諸国が日本を植民地化することをあきらめ通商に専念することを構想した意見書であった。これは、きわめて現実的、かつ幕府の内実や情報などを駆使して、幕府に受容されることを想定し、実現まで意図した意見書である。実際幕府は「一時の権道」として日米和親条約を結び、その後、紆余曲折を経て日米修好通商条約を締結した。さらにこの意見書の中で斉民が言及していた政治・社会・財政改革の委細は、以下の通りである。

## 斉民の提案する幕政改革

まず、「異国船が品川あたりに侵入した場合、諸大名は火事装束にて登城しご機嫌伺いせよとのことであるが、ご機嫌伺いをしても、ことが収まらないうちは退出ができない。防禦の実務をしなければことは収まらないので、ご機嫌伺いは無益である。ご機嫌伺いをせずに持ち高に応じて持ち場に詰めるようにしたい」とする。至極まっとうな意見である。「将軍を守護するべき軍隊の指揮官が将軍にご機嫌伺いをしていては、将軍を守護することができないではないか」という斉民の声が聞こえてくるようである。

「将軍への献上品で無益なものは、五個のものは三個に、三個のものは一個に、一個のものは廃止にすべきである。また、老中などの役職就任の「贈答黄金」なども一切減少させ、形だけにすべきである。質素倹約の旨を通達し、諸大名・旗本は文武に励み、軍役が務まるようにしていただければ、諸大名は言うにおよばず下々まで感服し、御威光があらわれ、幕府の御仁徳御武威を仰がない者はいない」。

これは幕府の形骸化した贈答行為を、一気に廃止するのは難しいと判断し、少しでも減少させて、冗費を軍備に充てることを意図したものである。

「賄賂やおもねり、追従など厳しく取り締まるべきである。一方、背いた者は、厳罰に処すべきである。政治が公平で偏りがなければ、また、適材適所に人材を登用すれば、有能な人材が出て、軽薄な小人が退けられ、万が一不慮のことが起きても、良く事が運ぶであろう」。賞罰厳命と人材登用を献策した部分である。

「大奥女中向きのことは、ひときわ厳しく取り締まり、表の政治に関わらないようにすべきである。人数もなるだけ少なくするようにしたいものである」。

大奥もこの対外問題逼迫に際して、改革を断行し、まず政治に関与しないこと、次に人数を減らすことを提案している。誠にもっともな主張である。おそらく、歴代老中、例えば、水野忠邦などが直面した大問題であり、水野さえもなかなか

華やかな大奥の日常のひとコマ「千代田の御奥」
（国立国会図書館蔵）

手が付けられなかったことを、大奥爛熟時代を築いた十一代将軍家斉の息子である斉民が建白したことに意味があろう。想像をたくましくすれば、阿部正弘の苦衷を斉民が代弁したのかもしれない。ただし、斉民は、領地拡大の心願を大奥から内願していたから、大奥の政治力を利用していた点も見逃せない。知り尽くしていたからこその改革の提言ともいえよう。

次の提案は、「武家にも町人にも、寛大で、難しくなく、守りやすい『万代不易《ばんだいふえき》』の制度を建てるべきである」とするものである。

斉民によれば「これまでの制度はいったん出されても、その日のうちに緩んでしまい、『三日法度』などといわれ『御威光』も立たないもので、幕府が侮られるもとになっている。ただしあまり細かなものでは窮屈なので『御寛仁《ごかんにん》』が重要だ」とも言っている。のちの海防大号令のような政治の大原則制定を想定したものとも思われる。

また最後は「江戸の無宿人等、博打や火付盗賊になるような者たちを帰国させる政策は徹底しないことが多かった。今回は特に不慮の戦争など起きると不安材料になりかねないので、厳重に吟味をお願いしたい」としている。そして「なお、畏れながら、重要な政治案件も申上げたいことがありますので、十分に考えながら追々申し上げます」と含みを残している。

いずれにしても、大名持ち場制、儀礼や冗費の削減、綱紀粛正と人材登用、大奥改革、政治大原則制定、無宿人対策など、これまた現実的な政治改革を提案している。全体として斉民の建白書は、外交政策として限定的開国および限定的通商許容を提案し、内政として幕政改革の断行を求めたもので、一部実現可能な点で比較的現実性がある。さらに対外関係の知識や情報が正確で、幕府内部の事情にも精通していた様子がうかがえる。箕作阮甫や宇田川興斎などの蘭学者の知識や情報や江戸家老と留守居などからのそれも加味した優れた建白書であった。

5

# 時代の要請に応じる洋学

交渉のために日本を訪れる外国人への対応のため、外国語や外国文化の知識を有していた津山の洋学者たちが脚光を浴びるようになり、さまざまな場面で活躍し始めた。

## 様々な蘭学塾

ペリー来航以降、日本社会では、蘭学・洋学の重要性が増し、蘭学や洋学の塾が盛んになっていった。蘭学・洋学の塾は当初、医学塾が中心だったが、その後、ペリー来航以後の対外問題の急務に応えるため、砲術や航海術などを学ぶ学校（例えば、長崎海軍伝習所、江戸築地の軍艦操練所、神戸軍艦操練所など）なども造られ、医学塾でオランダ語を学んでいた者も通うようになった。

江戸の代表的な蘭学の私塾は、医学では小浜藩医の杉田玄白塾、仙台藩医の大槻玄沢塾（芝蘭堂）、津山藩医の宇田川玄随塾、長州藩医の坪井信道塾、佐賀藩医の伊《い》東玄朴《とうげんぼく》の象先堂など。砲術では幕府代官の江川太郎左衛門塾、幕府砲術方の下曾根金三郎塾、松代藩士の佐久間象山塾など。また最幕末には中津藩士の福沢

福沢諭吉
（国立国会図書館蔵）

諭吉の慶応義塾などが有名である。

大坂では、緒方洪庵の適塾をあげることができる。適塾には、医者のみならずのちに軍略家となる大村益次郎《おおむらますじろう》や箕作秋坪、福沢諭吉が学んでいる。

時代の要請により蘭学・洋学などの学問が発展したのは、先に斉民の建白書のところで見たように、幕府の要請に応えて少しでも役立つ建白書を書くためには、正確な世界認識、個別の国情の知識、西洋軍制事情などが必要不可欠であり、それらの知識・情報は西洋のことを学んだ蘭学者・洋学者から学ぶのが、迅速かつ正確であるという事情があった。武芸のみならず、学問が「御家の一大事」を救う重要な道具となったのである。

幸いにも、津山藩には、杉田玄白と同時代に属する宇田川玄随とその養子の玄真、その後の世代に属する箕作阮甫や宇田川榕菴、さらにその次世代の箕作省吾、宇田川興斎、箕作秋坪などの有能な蘭学者が、途切れることなく現れ、層厚く、良質の仕事を蓄積してきた。この蓄積が、斉民の建白書を正確で現実的なものにしたということができる。「御家光之御筋」は、まさにこの建白書そのものであり、そのために津山では、多くの人々が蘭学・洋学を一所懸命に学んで来たし、これ以降も学んだのだということができる。

**大村益次郎**
（国立国会図書館蔵）

## 斉民と福岡藩主黒田斉溥

同じことが、斉民の嗣子慶倫の正室儀姫の養家福岡黒田家（儀姫の実家は中津奥平家で、黒田斉溥の養女として慶倫に嫁いだ）でもいうことができる。幕末の黒田家当主斉溥のペリー来航前後の建白書も斉民と同じような事情が垣間見られるのだ。斉溥が提出した来航後の建白書は、斉民と同じ開国論なので、少し触れておくこととしたい。

斉溥は、外様大名であるが、唯一、ペリー来航前に建白書を提出した。ペリー来航のちょうど一年前の嘉永五年（一八五二）六月に長崎オランダ商館長にドンケル＝クルチウスが着任して、日蘭通商条約草案締結のため、ペリー来航予告情報の第一弾である別段風説書を長崎奉行に提出した。その後、バタビア★のオランダ総督の書簡（第二弾）や条約草案（第三弾）まで受け取った老中首座阿部正弘は、長崎防備担当の斉溥と佐賀藩主の鍋島斉正《なりまさ》（直正）、琉球を事実上支配する薩摩藩主島津《しまづ》斉彬《なりあきら》に別段風説書を廻達、その中で年末にただ一人意見具申をしたのが斉溥であった。この時の斉溥の意見書は、「交易不許可の場合は戦争になり国土が焼失する」とし、「交易許可の場合も諸外国からの要求が増加・増大して政治的困難に直面する、現在の幕府外交方針では戦争となり敗戦し犬死するだけだ

▼バタビア
現在のインドネシアのジャカルタ。当時オランダの植民地だった。ここが日本との交易の拠点となっていた。

鍋島斉正
（国立国会図書館蔵）

から、十分な評議とアメリカで十年暮らした中浜万次郎の招請と海軍創設、御三家への幕政参与を要望」したものであった。中浜万次郎は最新のアメリカ情報を有し、かつ捕鯨船の乗船員として西洋船の運用にも長じていたことから招請されたのである。

斉溥の建白書は阿部正弘に提出されたが、幕府有司★への批判的な文言から、忌避され結果的に無視された。しかし、ペリー来航後の阿部の大名意見諮問の前段階として大変重要であり、福岡藩の蘭学・洋学研究の成果として、注目に値する。ペリー来航直後の阿部の海外情報公開と意見聴取という大きな政策転換は、ペリー来航直前の斉溥の建白書提出にその源流を認めるべきであろう。

来航後の斉溥の建白書は、さらに西洋事情研究にのっとった、整備されたもので、斉溥は、交易許可をアメリカとロシアに与え、イギリス・フランスには認めないとする斉民と同じ、限定的通商論者である。斉溥は隣国で信義を守るアメリカはオランダと同じように考え、イギリスは世界に移民を送り込んでいることを問題視し、フランスとはメリットがないと考えている。また、蒸気船による海軍創設は、軍事上も通商上も有益としている点も斉民の建白と同じだ。細かな違いはあるものの、限定的通商許可と海軍創設では両者は同一といってよい。

実は、福岡藩の蘭学者永井青崖《ながいせいがい》は箕作阮甫の弟子で、「銅版万国輿地方図」や「泰西三才正蒙《たいせいさんさいせいもう》」を著すなど地理や天文・歴史などの業績がある。福岡藩主側近

▼有司
役人のこと。

の蘭学者は青木興勝《あおきおきかつ》や安倍龍平《あべりゅうへい》以来、地理・歴史分野に強い蘭学者が多いという特徴がある。津山藩と福岡藩は藩主同士が親戚で、藩主側近の蘭学者が師弟関係であることから建白の内容が似たものになった可能性が高い。もっと言えば偶然ではなく共同歩調を取ろうとしたとも言えなくない。当時は、一味同心することは、徒党を組むことになり、それだけで反体制と見られることがあったから、そのあたりは慎重に行ったと思われるが、のちに一橋派といわれる徳川（一橋）慶喜を将軍継嗣にと臨む政治グループは、阿部正弘の意見諮問策をも利用していた。もっと言えば、阿部の政策は一橋派への助成・支援に成りうるものだったとも言えよう。こうした連携は、藩士層ではもっと進みやすい。次に仙台藩士で儒者、かつ砲術家大槻磐渓の「金海奇観」を取り上げよう。

## 「金海奇観」と鍬形赤子

大槻玄沢の子で宇田川家や箕作家と深く交流していた大槻磐渓の「金海奇観」は、磐渓が嘉永七年（安政元年、一八五四）の正月から三月までかけて、横浜で行われた幕府とペリー側の日米和親条約締結交渉に関わる一連の事件の関連図を絵巻に仕立て上げたもので、仙台藩主伊達慶邦《だてよしくに》に報告するために作られたものである。絵巻には横浜に集結したペリー艦隊図や横浜応接所海側より遠望、応接所見

徳川慶喜
（国立国会図書館蔵）

取り図、ポーハタン等艦船図、ボート図、騎兵サーベル図、コルトネイビー図、ボート砲野戦砲仕様図、上陸当日艦隊図、艦隊動向図、人物図、蒸気機関車図、電信機図が描かれている。多くは磐渓の筆に成るが、注目すべきは、人物図の筆者が津山藩絵師鍬形赤子であることだ。

鍬形赤子は、前述した津山藩御用絵師鍬形蕙斎の養子である。寛政十二年（一八〇〇）、龍野藩士今井伊助の二男として生まれた。五十五歳の時、津山藩士にして洋学者宇田川興斎（玄随・玄真・榕菴と続く宇田川家の四代目、大垣藩医飯沼慾斎の三男）や同じく箕作秋坪（箕作阮甫の養子）と共に藩からペリー艦隊の動向を探るべく、横浜に派遣されていた。したがって、赤子もペリーを実際に見た可能性はあるが、応接所まで入れたかどうかは不明である。仙台藩士にして儒者大槻磐渓編のペリー艦隊見聞絵巻「金海奇観」では、膳所《ぜぜ》藩儒者の関藍梁《せきらんりょう》が描いたペリーとアダムスの衣服等が実際とは違ったので赤子が改めて書き直したと磐渓が「識語」（コメント）を書いている。結局、赤子がペリー、アダムス、アボット、ブカナン、テンスル（号令官）の五人を描いている。

ここで、この時期の磐渓と赤子等の津山関係者の動向を箕作阮甫が『西征紀行』の中に記しているので紹介したい。阮甫自身は、長崎で行われたロシア・プチャーチンとの外交交渉に勘定奉行川路聖謨の従者として同行を乞われ、交渉が終わって江戸に帰る途中の嘉永七年二月二日、豊前小倉で最初にペリーの再来の

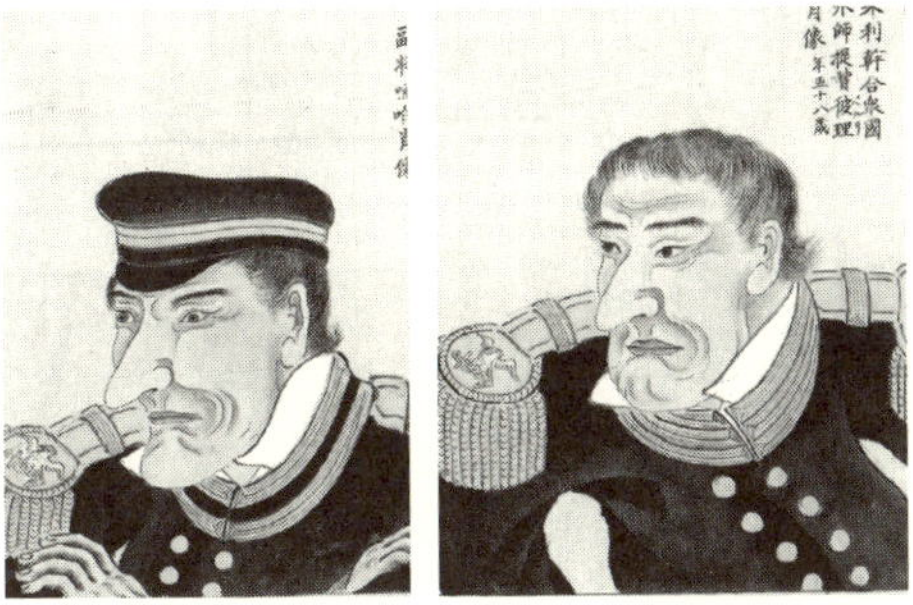

赤子が描いたペリー（右）、アダムス「金海奇観」
（早稲田大学図書館蔵）

情報に接し、津山に寄らずに道を急ぐことにした。以来、道々情報に接し、東海道島田宿で同年二月二十二日、養子秋坪の宿継ぎされた書状を受け取った。そこには秋坪が興斎とたびたび神奈川に出張したこと、アメリカ船の生麦進入と横浜の「仮舎」で何度も「対面」があったが、十九日が重大な会合で「人々汗を握りける」と書いてあった。

十九日は実際二回目の会談が行われ、一回目のペリー側からの条約草案に対して日本側から草案が交付された。それに基づいて交渉が成され、下田開港が提案されたのである。そうした点で、人々が手に汗握って見守っていたことが理解される。結局譲歩ラインの下田開港が現場で決まったが、江戸にうかがいを立てるため六日間の猶予がもたれた。

その猶予期間にあたる二十四日午前、阮甫は横浜に到着した。この時ペリー艦隊は七艘が停泊、二艘が下田調査のために不在だった。「金海奇観」でいうと坤巻第二図のバンダリア、サザンプトンがいない状態だった。阮甫が望遠鏡で見ると帆船は長崎で見たロシア船より小さいが、「水蒸船（蒸気船のこと――阮甫はこのように表現する。まだ蒸気船も定まった訳語ではなかった〔引用者註〕）はいずれも彼（ロシア――引用者註）より大にして壮観言うべからず」という状態で、神奈川宿に移動して台地上からまた望遠鏡で観察した。

そこへ宇田川興斎が来て、大槻磐渓とひそかに鰻店に同宿しているという。秋坪も興斎と交代で横浜に来ていたが、蕃書和解御用で急ぎの翻訳があり、今はいないという。くだんの鰻店で磐渓に会い、その時、鍬形赤子にも会った（「鰻店に至り大槻に逢う。小沢佐吉・鍬形赤子も居れり」）というから、どうやら赤子も同居しているようにも思える。「金海奇観」は現地でのこうした親密な情報交換の結果でき上がったものと言うことが理解できる。

なお阮甫、その養子省吾、また宇田川榕菴の墓誌選者は磐渓である。省吾が編訳し、偽物まで出回った人気のあった世界地図『新製輿地全図』の序文は磐渓が書いている。このように磐渓と津山洋学の二大本流箕作家と宇田川家は関係が大いに深いことが理解されよう。

ところで、嘉永六年六月のペリー最初の来日では、幕府は久里浜で合衆国大統領親書を受領し、杉田玄白の孫杉田成卿と箕作阮甫が「異国書簡和解翻訳御用手伝」に任命され、親書を翻訳した。さらに、宇田川興斎を加えて親書が翻訳され、大名・旗本に公開され、前代未聞ともいうべき対外政策の意見諮問が行われた（何度もいうが、斉溥の建白書があることが重要である）。阮甫と興斎は、ペリー初回来日に関わり、かつ阮甫は、ロシアのプチャーチン応接にも関わっていたから、二回目の来日での条約交渉にも大いに関心があったのである。阮甫は江戸到着後も外交文書の翻訳に従事し、日米和親条約のオランダ原文の翻訳を行った。

翌安政二年（一八五五）三月、隠居、阮甫は蕃書和解御用も御役御免となったが、

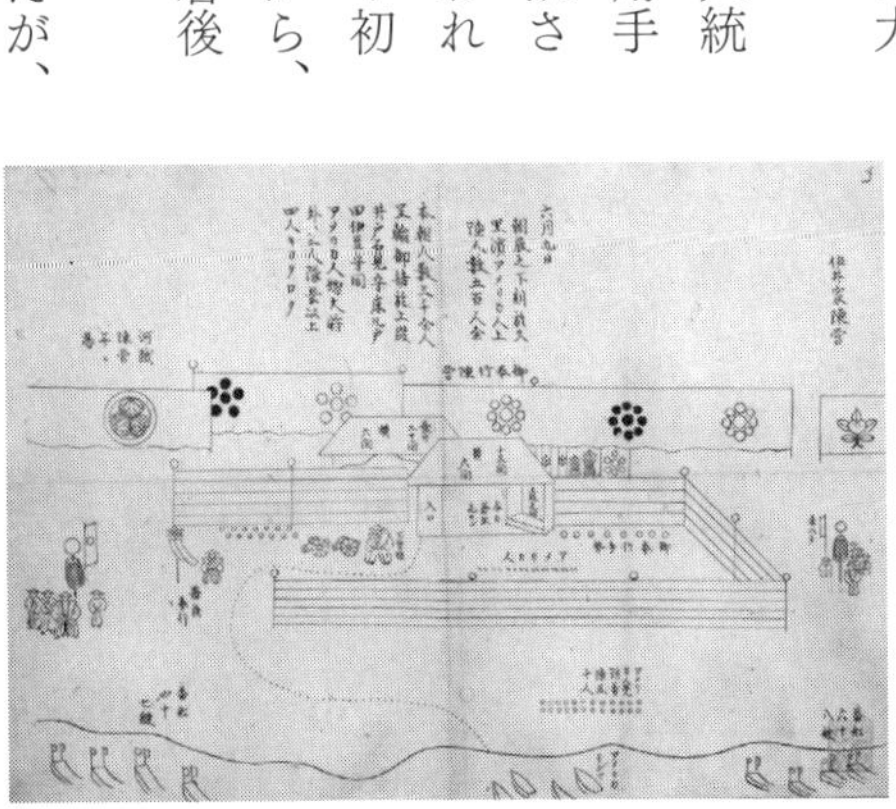

久里浜の陣の図
（津山洋学資料館蔵）

プチャーチンとの日露交渉が再開されることになり、阮甫も下田に赴いた。興斎も同行し、日露和親条約が締結された。安政四年、蕃書調所が設立されると、阮甫は、杉田成卿とただ二人だけの教授として再出仕、後進の教育にあたったのである。こうして考えると、赤子の所属する津山の洋学者たちはペリー、プチャーチンの来航と彼らとの条約締結にも大いに関わりがあった。そして漢学者大槻磐渓とも親密な関係にあることから、「金海奇観」を考える上でもこれらのことは実に注目すべきであろう。

最後に赤子に関して新たに知り得たことを書いておく。津山郷土資料館所蔵愛山文庫の「新参御取立」下という史料によれば、赤子は万吉ともいい、文政七年（一八二四）蕙斎の遺跡を相続し、同九年御納戸坊主、天保七年（一八三六）御茶道、嘉永六年（一八五三）奥御絵師並で絵具料として五両下賜された。安政二年に病死しているので、「金海奇観」は赤子晩年の作ということができる。倅蕙弥《せがれ》は嘉永元年に亡くなっていたため、松平越中守（定信家、当時の当主は定信の曽孫にあたる定猷《さだみち》・桑名藩主）家臣岡善三郎の二男蕙林《けいりん》を養嗣子に迎えており、蕙林が遺跡を相続した。蕙林は明治二年（一八六九）に津山に帰った。

なお家老の安藤家旧蔵「ペリー来航絵巻」には、ペリー艦隊探索に出張した箕作秋坪が、アメリカ士官ゴールズ・ボローから入手した名刺と紙巻煙草が添付されている。秋坪の探査がアメリカ士官との直接交流におよんできたことが理解される。また同絵巻の一部は「金海奇観」と類似する画像もあり、大槻磐渓との情報交換も十分に考えられる。そして、おそらく赤子も「金海奇観」と同じような絵巻を書いて、藩主や家老に献上したものと考えられる。そのための横浜出張だったと思われる。

## 百済氏の大砲鋳造

幕末、津山で大砲が鋳造された。ペリー来航以降緊迫した情勢のもとでの強兵のための事業のひとつである。それを担当したのが百済《くだら》市良右衛門助順であった。百済氏は、遠く舒明《じょめい》天皇三年（六三一）に日本にやって来た渡来人で、中国山地の砂鉄を求めて室町時代初期に美作に定着したという。森忠政が慶長八年（一六〇三）、美作に入部して造られた津山城下の鋳物師町（現・吹屋町）に居住したのが、寛永二年（一六二五）とされる。当主は代々、市良右衛門を名乗った。

百済助順は文化十三年（一八一六）に生まれ、弘化元年（一八四四）に唐金《からかね》（青銅）大砲一挺の鋳造を藩主から命じられ、藩士黒田家からも注文を受けた。その後、津山藩のみならず新見・今治・徳島・加賀金沢・備中松山・勝山・萩・伊予松山・足守《あしもり》藩などから大小砲の鋳造注文があった。大小砲だけでなく、寺院の梵《ぼん》鐘《しょう》なども鋳造を行っている。

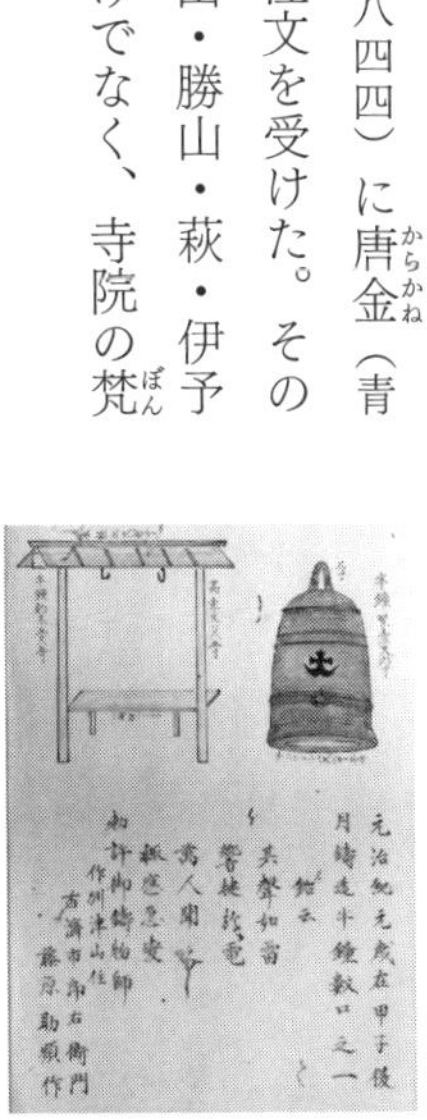

津山鋳物師作　半鐘図「八箇所御番所図面」（津山郷土博物館蔵）

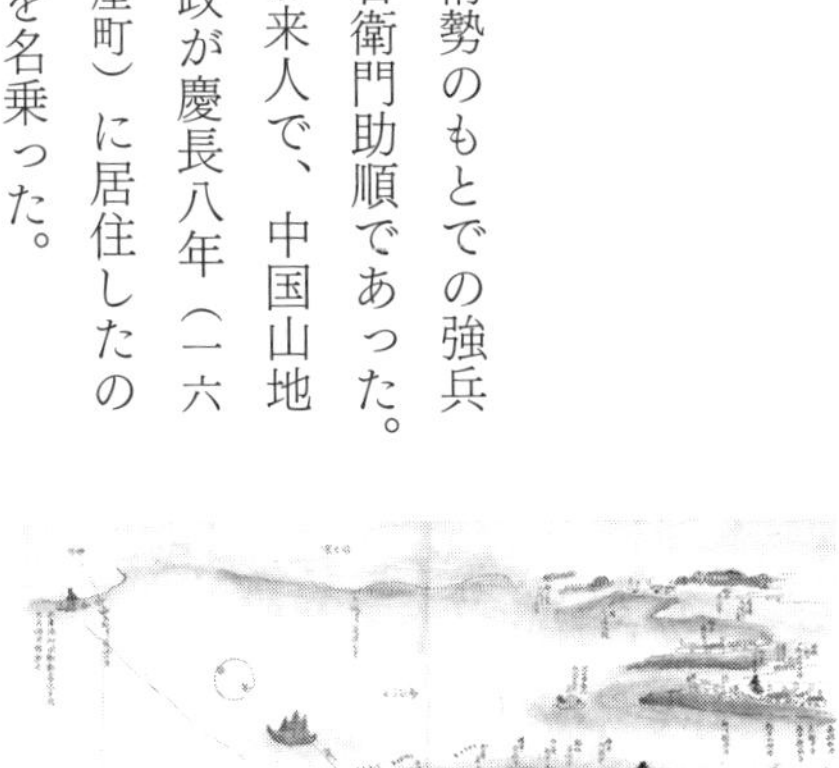

「天保山諸家警備之図」（津山郷土博物館蔵）

文久三年（一八六三）には江戸に出て、幕府から依頼された大砲を鋳造。この時の唯一の伝世品が現在大阪城に残る青銅砲とされる。これはもともと大坂の天保山《てんぽうざん》の砲台に設置されていたが、明治三年（一八七〇）に大阪城に移し、時を告げる号砲として大正十二、三年（一九二三、四）まで使用されたという。長年の使用にたえたのは百済製が優秀だった証拠である。助順は明治三年に死去。子の勝治郎は、津山で梵鐘や青銅吐水龍《とすいりゅう》、青銅鳥居など鋳造したが、昭和初期に廃業し大阪に出たという。

百済家が優れた青銅砲を鋳造できた背景に津山藩の洋学があったように思うが、今のところそれを解明した研究がないのでわからない。今後の課題であろう。

ここまで見てきて、日本の近代化に果たした津山藩の役割は小さくないであろう。宇田川家・箕作家・津田真道のみならず藩主斉民、在地の中村周助や百済家など津山藩上下の学問への傾斜が日本の近代化を支えたと十分いえよう。

これも津山

# 食品産業のさきがけ
# 「明治屋」の創業者磯野計

「明治屋」といえば、ジャムやワインとともに、あの重厚な社屋を思い浮かべる人も多いだろう。赤い三つ鱗の社標も印象的だ。その企業理念は、「いつも　いちばんいいものを」。単純明快である。まさに創業者磯野計《はかる》の思いをきちんと受け継いでいる。

磯野計（明治屋提供）

計は、安政五年（一八五八）、百三十石取の津山藩士磯野湊の二男として津山城下椿高下で生まれた。母は太田氏、同じく津山藩士の娘であった。磯野家は、百三十石ながら越前松平家の光長が越後高田二十五万石時代から、改易となり光長の子綱国が備後に幽閉された時にも従い、藩主家と苦楽を共にした由緒があった。

明治元年（一八六八）、計、十一歳の時、郷土の先人箕作麟祥（阮甫の孫）が開設した神戸英学校に入学した。湊は阮甫やその養子秋坪とも交流があり、藩主の許可を得ての遊学であった。祖父太田耕翁は「修行中はどんな困難があろうとも油断なく、一寸の光陰も無駄にせず、隣の人の灯りを借りてでも勉学を怠ることがあってはならぬ。修行が終わって帰郷したら必ず我が墓前に来ること。その時修行の出来不出来に評価を与え賞罰を加える」とまで申し渡した。残念ながら、麟祥が東京の開成所教授に抜擢されたので神戸英学校は閉鎖され、計も一時津山に戻るが、藩の留学生に選ばれ、上京。秋坪の三叉学舎や麟祥の塾で学んだ。東京留学中には津山で父湊が政争に巻き込まれ、家名断絶・蟄居閉門を言い渡されたため、計は心痛の余り自死も考えたと言う。

明治三年には大学南校に入学を許され、明治十二年、東京大学法学部を卒業した。計は官界に入らず、同期生らと代言人（弁護士）の仕事を始めたが、「自由独立」「依頼人の任意に従う」と理想が高く、経済的に行き詰まり、長続きしなかった。計は、同十三年から十七年、三菱の選抜留学生として四年間の英国留学することができた。出発前、岩崎弥之助が開いた送別会で計は、「洋行できる恩義は感謝するが、三菱の奴隷にはならない」と言い切ったという。なかなかの気骨を示した。

ロンドンでは、ノリス・アンド・ジョイナー商会に入社して商務見習いをした。持ち前の精勤から周囲に認められ、商会を去る時は、「われらの尊敬のいくばくかのしるしとして」と刻まれた金時計を贈られた。三菱の注文した蒸気船横浜丸の事務長として帰国した。帰国後は、三菱社員として神戸桟橋荷受け所の監督となったが、ほどなく退社し、明治屋創業の準備に取りかかった。明治十八年、日本郵船（郵船汽船三菱と共同運輸が合同してできた船会社）の船舶に食料品や雑貨などを納入する権利を入手した。こうした業務はこれまで外国商人に握られていたが、計は、岩崎弥之助らを説得して実現させた。この時、横浜北仲通り四丁目に事務所を設けた。明治屋の始まりである。

　計は、外国商人に対しても堂々と渡り合い、従業員の教育にも意を用いた。社長の陣頭指揮よろしく、明治屋は順調に業績を伸ばした。

　扱う商品は、飲料水など食料品のみならず、三輪車・煙草・刃物・インク・ポンプなど雑貨や機械類におよんだ。納入先も日本郵船のみならず、イギリス船やアメリカ船にも広がり、明治屋に対して、日本における代理店になってほしいと打診してくる商人もあった。そのひとつが、ジャパン・ブルワリー・カンパニー（麒麟麦酒の前身）であった。同社の外国人経営者は当初は反対だったが、明治二十二年、明治屋が代理店になると販売成績が向上し輸入ビールに勝ち、海外に輸出されるまでに成長した。宣伝も、ビール瓶の着ぐるみやビール樽の行列、仮設ビアガーデン、芸者を使ったポスターなどの工夫が施され、これらも計のアイデアという。

　日清戦争後の重工業発展の機運の中で、明治三十年、計は機械・鉄材を扱う磯野商会を設立した。新潟・直江津間の北越鉄道のレールを納入した（津山線の鉄橋にも磯野商会納入のエンブレムがある）。しかし、この年の冬、計は惜しくも肺炎により三十九歳にて死去した。葬儀は芝増上寺で行われ、数百人の参列者があったという。建築家辰野金吾らが弔辞を献呈した。会葬者には、犬養毅・岩崎弥之助・大倉喜八郎・菊池大麓・小村寿太郎・渋沢栄一・高橋是清・浜尾新・福沢諭吉・益田孝などが名を連ねた。

現在の明治屋（明治屋提供）

　官尊民卑の風潮が強い明治日本において、東京大学出身者でありながら官吏にはならず実業界に身を置き、個人商店の店主になった計はまさに、現代でいえばベンチャー企業のパイオニアであった。

　計の死後、残された十二歳の菊子（母福子も既に死去）の後見人となったのが、計と同郷（ただし津山市高倉）で、父方の又従弟の米井源治郎であった。米井は、津山の医師で自由民権家の仁木永祐の籾山黌で学び、慶応義塾に在学、その頃から計の事業に参加して、三菱の篤い信頼も得ていた。米井は明治屋と磯野商会の両方を運営し、明治三十五年に菊子に磯野商会営業部長松本長蔵を養子に迎えた。長蔵は伯耆倉吉出身、東京商業学校（現・一橋大学）を出て商会に入社していた。長蔵は明治屋に移籍し、イギリスにも留学、明治屋とキリンビール双方の発展に尽力した。磯野商会は、のち米井商店となり、現在、株式会社ヨネイとして存続している。

# 第五章 幕末の政局と津山藩

隠居確堂、徳川一門として幕末の難局に対峙する。

# 1 隠居確堂の活躍

息子に藩主の座を譲り、斉民は確堂と名前を替えて穏やかな隠居生活を送るはずだった。しかし、十一代将軍徳川家斉の子どもとして生まれたことがそれを許さず、将軍や幕府のために奔走することになった。

## 幕府から依頼された厄介な役職

幕末政局での重要なターニング・ポイントは、文久元年（一八六一）二月のポサドニク号事件である。ロシア海軍軍艦ポサドニク号が対馬浅茅湾《あそう》（現・長崎県対馬市）の一角に踏みとどまり、海軍基地を建設しようとし、対馬藩に租借を申込み、それのみならず対馬藩士や農民とトラブルを起こして農民ひとりが殺害された事件である。対馬藩は、幕府や長州藩に支援を求めたことから全国的な事件化し、幕府外国奉行小栗忠順《おぐりただまさ》（上野介《こうずけのすけ》）が派遣された。ただし、小栗は調査のために派遣されたため、彼がロシア軍艦を退去させることはできなかった。結局、幕府がイギリス公使に働きかけ、占拠から半年後、イギリス軍艦が浅茅湾に派遣されたため、また、箱館のロシア領事の尽力もあって、ポサドニク号は退去した。

これは何か外国と問題が起こっても自分ではどうすることもできず、外国に頼ることしかできないという幕府外交の瑕瑾《かきん》であり、幕府の外交能力が問われることなった。そのためこれ以後、攘夷運動が高揚することになった。

それでもまだ、幕府そのものを否定する勢力が大きくなったとは言い難い。孝明天皇は幕府を信用していたからだ。同二年、幕府が政局の安定を図り、皇女和宮《かずのみや》を将軍家茂《いえもち》に降嫁させる公武合体を推し進めていた老中安藤信正《あんどうのぶまさ》が坂下門外で襲われたが、天皇の幕府への信任は変化がなかった。しかし、朝廷側が十四代将軍家茂と和宮の婚姻を外国勢力の打ち払い（攘夷）とだき合わせにしたため、家茂は外国船の打ち払いを天皇に約束させられた。「開国和親」の方針で諸外国と諸条約を結んでいた幕府にとって、この攘夷の約束は国際慣例上、本来は不可能なのだが、幕府は天皇のさらなる信任を得るため、方便として攘夷を約束したのであった。なお、この攘夷決行の打ち払い令（文久三年五月十日を期して外国人を退去させ、外国船を打ち払う）を忠実に実行したのは、長州藩だけだった。このため、元治元年（一八六四）、長州藩は四国（英・仏・蘭・米）連合艦隊の下関攻撃という手痛い報復を受け、西欧列強の軍事的な優位性を体験として強烈に学び、逆にイギリスと交流することになっていく。

一方、文久二年、薩摩藩主の父島津久光《しまづひさみつ》は、幕府の凋落《ちょうらく》を放っておけず、率兵上洛して、幕政改革の勅使派遣を奏上した。その上洛中、伏見寺田屋事件をき

孝明天皇肖像写
（東京大学史料編纂所蔵）

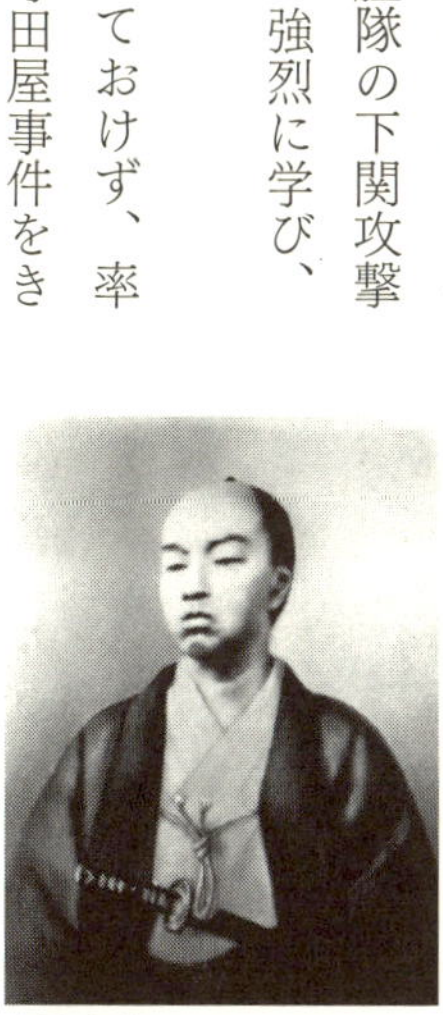

島津久光
（国立国会図書館蔵）

っかけに藩内過激派を抑え、勅使大原重徳《おおはらしげとみ》を擁して出府、改革を幕府に対して要求。これにより薩摩藩の名望が高まった。改革を受け入れた幕府は、「安政の大獄」で謹慎していた徳川慶喜を将軍後見役に、また、同じく失脚していた松平春嶽を政治総裁職に就任させて、幕政改革路線が実現のものとなった。この改革により参勤交代の制度が緩和され、津山藩では翌年に前藩主確堂（斉民）をはじめ江戸詰藩士の多くが津山に帰ってきた。

しかし、第一次長州征伐後の情勢変化により、幕府は翌元治元年、参勤交代の制度を元に戻したので、確堂は京都朝廷に参内《さんだい》ののち、江戸に出府した。その際、朝廷から朝幕間の周旋を依頼され、これが、幕末の津山藩を苦しめることとなった。

## 生麦事件の発生

さて、島津久光一行は江戸出発後、相模生麦《なまむぎ》村でイギリス人殺傷事件を起こし、これが深刻な国際政治問題に発展する。文久三年（一八六三）、イギリスは鹿児島錦江《きんこう》湾に軍艦を派遣し交渉するも決裂したため、鹿児島城下を砲撃、城下の多くが焼失した。この薩英戦争の結果、薩摩藩も無謀な攘夷を反省、イギリスとの結びつきの大切さを実感するようになっていった。薩長は同じような強烈な対外的な体験をしているのである。

さて話は、文久二年に戻る。政治都市化した京都で幕府の地位を確立すべく、幕府は、会津藩主松平容保《まつだいらかたもり》を京都守護職に就任させ、将軍上洛の地ならしをさせるべくさらに徳川慶喜を派遣した。この時旗本高橋泥舟《でいしゅう》ら幕臣尊攘派（泥舟の義弟山岡鉄舟《やまおかてっしゅう》ら、出羽の農民出身清河八郎《きよかわはちろう》などの浪士組も含む）の下で構成された「浪士組」も同行を許された。

## 藩主慶倫の建白

そうした状況に対応すべく津山藩は、京都留守居として海老原極人を、国事周旋掛として鞍懸寅二郎を派遣した。さらに文久二年（一八六二）末、津山藩主慶倫は、幕府に対して将軍の速やかな上洛と攘夷実行、摂海防御の津山藩への下命（のち実際に神戸近辺の警備を担当）を望む建白書を提出している。家門筆頭の越前松平家として幕府の衰退に歯止めをかけ、役に立ちたいと願っての建白である。その甲斐あってか、翌文久三年正月、国事尽力の勅書が、津山城にいた慶倫にもたらされ、上洛し、慶喜を補佐することとなった。同年慶喜は参内して孝明天皇の信任を得た。こののち将軍家茂が上洛、攘夷祈願のため王城鎮護の加茂《かも》社行幸に随行したが、石清水行幸《いわしみずぎょうこう》には病気を理由に同行しなかった。慶喜も石清水での攘夷節刀下賜を断って、攘夷実行という政治的な窮地を一時的に回避した

松平容保
（国立国会図書館蔵）

将軍上洛の様子を描いたとされる浮世絵のひとつ「末広五十三次」のうち小田原
（国立国会図書館蔵）

が、最終的に幕府は攘夷期限を約束させられた。こうした攘夷派の強硬な策謀に嫌気がさした中川宮朝彦親王《なかがわのみやともひこ》を中心にした公家や会津・薩摩等の公武合体派が、八月十八日に政変（クーデター）を起こし、長州藩をはじめとする尊攘派やその背後にいた公家らを失脚させ、京都から追い払った。

この直後、慶倫は京都に入って幕府に対し速やかな将軍上洛を建白したが、実現せず、クーデタの中心である島津久光が参与会議を招集したが、外交方針をめぐって久光と慶喜が対立し、元治元年（一八六四）には参与会議が空中分解して、公武合体派は分裂した。その後、京都で政治的権力を掌握したのは、天皇の絶大な信任を得ていた慶喜であった。彼は、改めて禁裏守衛総督・摂海防禦指揮となった。また、桑名藩主松平定敬《さだあき》（会津の松平容保の実弟、定猷の養子）が京都所司代に就任。慶喜は容保と定敬の三人で一会桑政権《いちかいそう》★を形成、京都の広域的防衛体制を構築することに成功した。その後、慶喜は精力的に大坂を見分して、朝廷守護としての役目を果たそうとし、容保は、浪士組から発展した新撰組を擁し、池田屋事件で長州藩などの過激派を弾圧、慶喜を積極的に補佐した。

▼一会桑政権
一橋家の徳川慶喜、会津藩の松平容保、桑名藩の松平定敬によって構成された体制のこと。

## 確堂の江戸出府

一方、自らも朝廷を守護しようと上洛してきた長州藩将兵を、慶喜・容保・定敬・薩摩藩が団結して撃退した（禁門の変）。この時、津山藩も神戸から大坂湾警備を命じられ長州藩士を生け捕った。かくして朝敵（夷狄と同等の地位）となった長州を征討すべく、第一次長州征伐（幕府側からの名称。長州からは「対幕府戦争」、中立的な立場からは「幕長戦争」「長州戦争」）が開始された。第一次長州征伐は、征長総督徳川慶勝《よしかつ》（尾張前藩主）が戦わずして解兵したので、慶喜は大いに不満であった。慶喜は朝廷守護には長州は不要で、むしろ夷狄であるとの論理であった。

この時津山藩は石州口の二番手、陣夫も含めた総数四〇〇〇人の出兵を命じられていた。一方、藩主慶倫は、長州側が恭順の印として切腹させた長州三家老の首実検が行われた広島に詰めていた。

この後、津山藩では前藩主確堂が、江戸に出府することになるが、京都に参内した時、朝幕間の周旋を命じられ、江戸で将軍に朝廷の意向を伝えた。その甲斐あって慶応元年（一八六五）には家茂が二度目の上洛を果たし、長州処分案が朝廷から示された。

その頃、四国連合艦隊が兵庫沖に停泊して圧力を加えたことから、朝廷側も譲歩し、ついに安政五カ国条約が勅許された。長年の懸案だった「開国」か「攘夷」かの厳しい問題に一応の決着がついて、幕府に従わない朝敵長州藩に対して、第二次長州征伐（長州側からは「四境戦争」）の準備が開始された。

一方、国内的に孤立を深めた長州藩は、同二年に、土佐藩浪人坂本龍馬の仲介

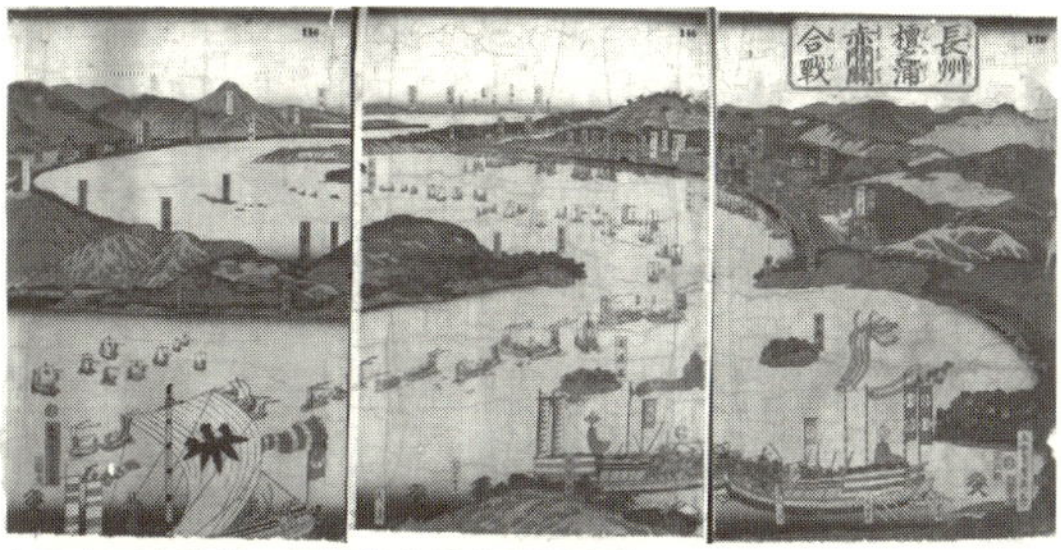

大日本歴史錦絵　長州壇之浦赤間関合戦
（国立国会図書館蔵）

坂本龍馬
（国立国会図書館蔵）

で薩長密約を結び、薩摩藩の支援の下イギリスから武器を購入して、第二次長州征伐では藩境を越えて各地で戦って勝利し、幕府軍を撃退した。

津山藩も藩主慶倫自ら広島へ出兵はしたものの、幕府軍の相次ぐ敗戦で、なすすべなく津山に戻ることとなった。相次ぐ敗戦は、朝廷守護を大義名分とする幕府にとって危機的な状況をもたらした。かつ、この戦争のさなか、家茂が大坂城で死去し、やむを得ず慶喜が、徳川宗家を相続。慶喜は朝廷から休戦沙汰書を出してもらい、改めて将軍に就任して、京都で新政権が始動した。これは、朝廷・幕府一体型の京都幕府といってもよく、従来の江戸の徳川幕府とは異なる政治形態と考えるべきだろう。始動したその矢先、慶喜を信頼していた孝明天皇が崩御し、同三年には明治天皇が即位、京都幕府の存立基盤の一角が崩れた。

それでも慶喜は、四カ国公使と引見し、兵庫開港の伝達をするなど外交権を梃《てこ》にして将軍として権力の伸長を図ったため、薩摩・長州藩士や尊攘派の公家らが、今度は慶喜を朝敵・夷狄に貶める討幕の詔勅渙発を画策したのである。一方で薩摩藩は、土佐藩とも結び、土佐藩が画策する「大政奉還」案にも支援を約したことから、土佐藩前藩主山内容堂は慶喜に「大政奉還」を提案した。容堂の建白を受け、十月十四日、慶喜は「政権奉帰」の上表を提出。しかしそれは無条件の「大政奉還」ではなく、あくまでも政権を還すが、なお外交権は自分が担当し、諸侯の上に立つことを宣言したもので、真の「大政奉還」とはいえなかった。そ

山内容堂
（国立国会図書館蔵）

うした点を薩摩・長州の一部は問題にしていた。一方、津山藩主慶倫は、慶喜側から上洛して諸侯会議に参加するように要請されたが、長州不穏を理由に上洛しなかった。慶喜を信じていなかったのである。慶喜は家門★筆頭津山松平家からも信頼されていなかったのである。

## 戊辰戦争始まる

ところで、坂本龍馬は、慶喜も含めたオールジャパンの政権を構想し、いわゆる「新政府綱領八策（本来「八義」とすべきもの）」を有力諸藩に諮ったが、慶喜を朝敵として排除したい薩摩や長州のグループ（以下、慶喜排除派）からは疎まれた。そして従来から龍馬を狙っていた京都見廻組によって龍馬が暗殺される（十一月十五日）と、慶喜排除派が一挙に力を得て、まず長州藩主父子の名誉回復が成され、長州藩が朝廷守護の地位に返り咲いた。

さらに有力諸侯が上京しないのを背景に、薩摩・長州・土佐藩は軍事力をもって、十二月九日、王政復古のクーデターを断行、大号令が渙発《かんぱつ》された。津山藩はその情報を国元に伝達するのが精いっぱいだった。大号令直後の小御所《こごしょ》会議で慶喜の辞官納地が決定されて、慶喜は朝廷から完全に排除された。この段階で初めて慶喜排除派が目論む真の意味の「大政奉還」が成ったといえよう。

▼家門
御三家、御三卿を除く徳川家の一族。御家門ともいう。

しかし、朝廷側に旧幕府の権力基盤を吸収するプロセスが十分検討されなかったため、旧幕府の軍事力と経済力がそのまま温存されていた。それがわかっていた慶喜は、軍事力と経済力を保持したまま大坂城に入城して再起を期した。これは軍事的・政治的・経済的に京都に圧力を加えることが可能なポジションであった。さらに慶喜は、旧幕府軍に「討薩の表」を持たせて京都に上らせたが、慶応四年（一八六八）正月、鳥羽《とば》・伏見《ふしみ》でそれを阻止しようとする薩摩・長州軍と激突。戦いの途中で、薩摩・長州軍側が掲げた、朝敵を退治する正当性を表象する「錦旗」に旧幕府軍は戦意を喪失。慶喜は、さらに旧幕軍敗戦の報を聞いて、多くの旧幕府軍を大坂城に残したまま、松平容保や松平定敬、側近らと城を退去し、数日後、江戸に入城した。旧幕府海軍（指揮官・榎本武揚）は大坂湾を制圧していたにも関わらず、である。残念ながら、海軍勝利の情報が最高司令官慶喜には伝わっていなかった。

## 藩主上洛

その間、津山藩は朝廷から藩主上洛を促されていたが、病気を理由に上洛を断っている。情勢緊迫の折から、踏ん切りがつかず、なかなか上洛できずにいたのが内情だろう。しかし明治四年（一八七一）に慶倫は病没しているので、実際に病気でもあったのだろう。病気であればなおのこと激務にはたえられないと周囲も止めたのだと思われる。

しかし一月十七日には鳥取藩池田家から「岡山藩池田家と話すこともあるので、そちらのことも話しておく」とプレッシャーをかけられ、岡山藩兵が国境まで進出してきている情勢の中で、十九日に、山陽総督である長州藩士野田大和に対し、「徳川とは格別の間柄であり、宗家の絶滅は悲嘆に絶えないが、朝廷の命は重く、大義の前に親戚も何もない」として朝命遵守を誓った。二月五日、藩主慶倫は津山を出立し、十三日、京都に到着、親戚慶喜を教戒しなかったとして謹慎の旨、言上した。朝廷は二十二日、謹慎にはおよばぬとし、二十五日に慶倫が参内して改めて朝臣となることができた。その後、三月十日、山陰道鎮撫総督西園寺公望《さいおんじきんもち》が帰路、津山に宿泊、翌日には院庄で後醍醐天皇が隠岐に流される際に通過した史跡を西園寺は訪れた。十二日、総督は津山を出発したので、津山藩の一同は胸をなでおろしたことであろう。その後、津山藩は大坂行在所《あんざいしょ》（天皇の臨時住居）の周辺警備として木津川口番所に詰めたり、神戸や伏見の警備を担当したりした。

## 「江戸無血開城」と津山藩

津山藩の前藩主確堂が、朝廷から幕府への周旋を依頼されたのが慶応元年（一

西園寺公望
（国立国会図書館蔵）

八六五）。以来三年にわたり、朝幕周旋を行ってきた。慶応四年正月、鳥羽・伏見の戦いが勃発、旧幕府側が敗北し、三月には慶喜の使者山岡鉄舟★に対し西郷隆盛からはじめて徳川家処分問題が提示されて、四月に江戸開城が日程に上ると、確堂は、新政府から十三代将軍家定《いえさだ》の正室だった天璋院《てんしょういん》と十四代将軍の正室であった静寛院宮《せいかんいんのみや》（和宮）の警護を命じられた。津山藩の外交を担当した藩士鞍懸寅二郎が、京都の津山藩邸を拠点に勤王の実を挙げるべく新政府に働きかけた結果だという。

五月には田安亀之助が、徳川家当主となることが、新政府から認められ、確堂は、その後見人にも任命された。確堂が後見役としてどのようなことを行っていたか、具体的には分からない。家達《いえさと》（亀之助が改名）の周囲には、旧幕府の旗本連中が控えていたことから、どの程度主導権を発揮できたのかは不明である。徳川一族の中では御三家に次ぐ、越前松平家（津山松平家）の前の当主であり、何よりも十一代家斉の実子であることから、おそらく回ってきた役回りである。確堂は、それを誠実に務めたのではないかと思われる。

## 確堂と大隈重信

明治四年（一八七一）に津山藩は、廃藩となり、確堂一家は東京に居住し、譜

▼**山岡鉄舟**　幕末に活躍した幕臣。剣の達人で、槍の達人高橋泥舟の義弟。泥舟が行く予定だった静岡大総督府（官軍司令部）に単身赴き、大総督府参謀西郷隆盛と会見して、徳川慶喜の救解と「江戸城無血開城」の枠組みを決める。後の勝海舟と西郷の会談にも鉄舟は立ち会っていたが、聖徳記念絵画館の「江戸開城談判」で鉄舟が描かれなかったため鉄舟の功績が埋没してしまった。

徳川家定肖像写
（東京大学史料編纂所蔵）

代藩主らと交流の日々をもった。例えば、確堂は、旧鯖江《さばえ》藩主間部《まなべ》詮勝《あきかつ》とは親しく、明治十七年に亡くなった詮勝の墓碑は、斉民が揮毫《きごう》しており、下総中山法華経寺に現存している。

明治十四年、確堂は従三位、同十五年、麝香間祗候《じゅこうのましこう》に任じられた。これは天皇の相談役といった位置づけである。もっと後のことであるが、宮中席次は貴族院副議長・衆議院副議長の下、侯爵の上である。なかなか高い位置づけといえよう。なお、家督は、嫡男の慶倫が同四年に亡くなったため跡を継いだのは斉民の子康《よし》倫《とも》だったが、同十年に康倫も病没した。その跡を継いだのが斉民の子康民《よしたみ》であった。康民は、子爵となった。同二十二年確堂は正三位に昇った。江戸時代より望んでいた高位につくことができたのであった。同二十四年、確堂は七十八歳の天寿をまっとうした。家斉の子女は、五〇人以上いたが、天寿をまっとうした者は少なく、確堂は病気がちであったが、例外的に長寿であったということができる。

確堂と親交のあった佐賀藩出身の政治家にして、早稲田大学創設者の大隈重信は、「諸芸に堪能であったが、特に謡曲に秀でており、書画の鑑識眼が優れていたこと、常識的で、尊敬に値する、当時の旧大名の中で比類無き『抜群の人』」とべた褒めしている。常識的な殿様であったから幕末明治の津山藩と旧幕府のかじ取りをし、みごとに乗り切ったのだろう。なお、早稲田大学図書館に確堂が収集した資料が「確堂文庫」として所蔵されている。

大隈重信
（国立国会図書館蔵）

これも津山

## 津山の歴史を知るための史跡や博物館

### 沼弥生住居跡（弥生の里文化財センター）

沼弥生住居跡は、津山市沼地区の丘陵地にある史跡公園。農耕社会だった弥生時代中期の竪穴式住居と高床式倉庫などが復元されている。また、住居跡の一角には、郷土の歴史・考古遺産を保護・活用するための施設として「弥生の里文化財センター」があり、遺跡から出土した土器や石器を展示している。

（津山市沼六〇〇－一　〇八六八－二四－八四一三　弥生の里文化財センター）

### 津山城（鶴山公園）

津山城は、本能寺の変で討死した森蘭丸の弟森忠政が、鶴山《つるやま》に築いた平山城。明治の廃城令で、建造物は取り壊されたが、立派な石垣が築城当時の面影を残している。天守の南東側の備中櫓《びっちゅうやぐら》が、築城四百年の記念事業として復元され、平成十七年（二〇〇五）春から一般公開されている。平成十八年には（財）日本城郭協会から「日本100名城」に認定された。

城址は『さくら名所百選』にも選ばれた西日本有数の桜の名所となっていて、桜の季節には毎年多くの人が訪れ、津山を代表する場所になっている。

（津山市山下　鶴山公園　〇八六八－二二－四五七二）

津山城

津山郷土博物館

### 津山郷土博物館

建物は国の登録文化財で、玄関には暖かな色合いの大理石の階段、そして、レトロな照明が来館者を迎えてくれる。もとは市役所庁舎だった。東京スカイツリーにレプリカが展示されて有名になった江戸の鳥瞰図「江戸一《えどひと》目図屏風《めずびょうぶ》」（鍬形蕙斎画）を収蔵し、徳川家康の二男結城秀康に始まる越前松平家旧蔵の大名駕籠と熊毛槍なども展示する。館内の津山城の模型はありし日の津山城を偲ぶのに最適。「町奉行日記」など津山藩政資料の宝庫。

（津山市山下九二　〇八六八－二二－四五六七）

### 津山洋学資料館

幕末から明治初期にかけて、津山藩から

は全国的に優れた洋学者が輩出された。資料館には、西洋の内科医学を初めて紹介した宇田川玄随《うだがわげんずい》や、幕末の対米露交渉に活躍した箕作阮甫《みつくりげんぽ》など、津山ゆかりの蘭学者らの資料を展示している。『解体新書』の初版本のほか、精巧な木製の骨格標本（レプリカ）には目を見張るものがある。

　講堂「阮甫ホール」と各展示室の平面は、五角形を基本として、それを巧みに組み合わせた形であり、「津山洋学五峰」（宇田川玄随・玄真・榕菴、箕作阮甫・津田真道）をモチーフとしている。常設展示は大きく三つの部屋に分かれていて、「人体に隠された科学への扉」「世界へと開かれていく眼」「日本の近代化と津山の洋学者」のテーマで、時代を追って津山の洋学が理解できる。洋学専門の市立博物館としては日本で唯一。なお、富田玲子氏設計の建築も見どころ。

（津山市西新町五　〇八六八－二三－三三二四）

津山洋学資料館

### 箕作阮甫旧宅

　幕末に活躍した洋学者箕作阮甫《みつくりげんぽ》の生まれ育った家である。当時の町家がそのままの雰囲気で復元されている。もとは町医者であった箕作阮甫の旧宅は、よく江戸時代の姿をとどめているとして、国の重要指定史跡となり、再整備され公開されている。

（津山市西新町六　〇八六八－三一－一三四六）

箕作阮甫旧宅

### 衆楽園（旧津山藩別邸庭園）

　森家二代目藩主長継《ながつぐ》が、明暦年間（一六五五～一六五八）に京都から作庭師を招いて作らせた廻遊式の庭園で、京都御苑内にある仙洞御所《せんとうごしょ》を模したものといわれているがはっきりしない。元禄十一年（一六九八）、越前松平家が藩主となって以後幕末まで、家臣や他藩・寺社からの使者を謁見《えっけん》するための「御対面所《ごたいめんじょ》」または、藩主の「隠居所《いんきょじょ》」の庭園として使われ、明治三年（一八七〇）に「衆楽園」と命名された。

（津山市山北六二八　〇八六八－二三－六五〇七）

衆楽園

## 知新館（旧平沼騏一郎別邸）

「知新館」は第三五代内閣総理大臣平沼騏一郎（一八六七～一九五二）の別邸として建てられたもの。昭和二十五年（一九五〇）に津山市へ寄贈され、市立津山郷土館として開館し、平成元年から市民の文化・芸術活動の場として再び活用されることになり、名称も「知新館」と改称された。平成十年に国の登録有形文化財となった。

（津山市南新座二六　〇八六八－三二－二一二一〈津山市役所〉）

知新館

## 津山まなびの鉄道館（旧津山扇形機関車庫）

旧津山扇形機関車庫は、昭和十一年（一九三六）に建設された。奥行二二・一メートルで一七線あり、京都の梅小路車庫に次ぐ二番目の大きさである。全国で現存している扇形機関車庫は一三カ所、岡山県内では津山にあるのみ。転車台は、岡山県で唯一の現役転車台で、全国的にも貴重である。車庫内には、国内で一台のみ製造された国産最大最強のエンジンを積んだディーゼル機関車「DE50・1」が保存されている。

（津山市大谷　〇八六八－三五－三三四三）

津山まなびの鉄道館

## つやま自然のふしぎ館（津山科学教育博物館）

昭和三十八年（一九六三）に世界の希少動物の剥製を中心とした自然科学の総合博物館として開館。はく製類は約八五〇種あり、中でもキンシコウ、インドライオン、ウンピョウなどの希少動物や珍獣類を見ることができる。そのほか世界各地の蝶、昆虫類、貝類、日本各地の鉱石類、美作地方で発掘された化石類（特に二〇〇〇万年前のヒゲクジラの化石は圧巻）など展示総数は約二万二〇〇〇点。いずれも貴重なコレクション。クリスチャンで津山基督教図書館を創設した森本慶三とその子孫が収集した。森本慶三記念館（旧津山基督教図書館）、歴史民俗館（商家錦屋資料の展示）を併設。

（津山市山下九八－一　〇八六八－二二－三五一八）

森本慶三記念館

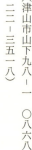

# 第六章 歴代藩主と藩政のしくみ

歴代藩主たちのプロフィールを改めて紹介する。

# 1 森家の時代

織田信長の配下で、勇猛果敢な武将として名を馳せた森氏であったが、藩主の交代がうまくいかず、わずか四代で終わってしまった。

## 森家歴代の藩主たち

津山藩は、森家と越前松平家の二家が藩主を務めた。簡単に歴代藩主のプロフィールを紹介しよう。

**森忠政（初代）**

元亀元年（一五七〇）、森可成の六男として生まれる。生まれた年に父が亡くなったため、家督は次兄の長可が継ぐ。ちなみに、六人男兄弟のうち、忠政以外の全員が戦死しており、本能寺の変で織田信長と共に亡くなったとされる蘭丸は、三番目の兄である。

次兄の長可が小牧・長久手の戦いで討ち死にしたため、家督を継ぐ。この時兄が信長から与えられていた信濃四郡二十万八千石ではなく、父祖ゆかりの美濃金山七万石の領主となった。

豊臣政権下では、秀吉から豊臣の姓を賜り、豊臣氏の家紋である五三の桐を用いることを許されるなど、格別の待遇を受けていた。

小田原攻めの際には韮山《にらやま》城攻めに出陣し、武功を挙げた。また、文禄・慶長の役では、肥前名護屋城の普請奉行を務めた。そのほか伏見城築城や方広寺《ほうこうじ》★の大仏造営にも参加している。石田三成のことをよく思っていなかったことが、秀吉の死後、豊臣家から離れる原因になったともいわれている。

慶長五年（一六〇〇）、かねてより希望していた信濃川中島に転封。居城となった海津城（現・松代城）に入ることを心待ちにしていたといわれている。関ケ原の戦いでは徳川方につき、上田に拠る真田昌幸・信繁父子の抑えとして川中島から、真田の動向を徳川側に流す。このため、忠政は関ヶ原には行かなかった。

慶長八年、小早川秀秋の死後、美作一国十八万石六千五百石で入るが、旧小早川家家臣や、小早川家の前にこの地を支配していた旧宇喜多家家臣らからの猛反発があった。また、津山城築城に際し、家臣間でのトラブルが発生。この結果、筆頭家老であった林一族が出奔してしまうという、最悪ともいうべきスタートであった。

スタート直後、重臣どうしの刃傷沙汰も起き、怒った忠政は関わった者たちの

▼方広寺
京都府京都市にある天台宗の寺で、この寺の梵鐘に刻まれた文字に徳川家康が言いがかりをつけ、大坂の陣が勃発するきっかけとなった。

上田城

石田三成
（東京大学史料編纂所蔵）

領地を取り上げる。その後、江戸幕府の旗本となっていた叔父の森可政が津山に入り、藩政を助けた。

大坂の冬の陣に続いて、夏の陣にも参陣。特に夏の陣では、森家全体で二〇〇を越える首を挙げたという。

元和二年（一六一六）、津山城完成後は、城下町の整備に尽力。寛永三年（一六二六）、嫡男忠広と徳川家光の養女亀鶴姫（加賀藩主前田利常の娘）との婚儀があったが、二人の間には子がなく、亀鶴姫が亡くなり、忠広も寛永十年に死去した。

跡継ぎがいないため、外孫にあたる関家継を養子として迎えて、断絶の危機を乗り切った。寛永十一年、七月七日に京で食あたりを起こし死亡。桃が原因とされたが定かではない。しかしながら、津山では七夕を七月六日に行い、お供えに桃は使わない家もあるという。享年六十五。墓は京都の大徳寺三玄院および津山の本源寺にある。

## 森長継（二代）

初代藩主森忠政には、重政と忠広というふたりの男子があったが、いずれも子どもがいないまま、忠政よりも先に亡くなっている。このままでは、お家断絶となるため、三女お郷と、重臣関成次の間に生まれた兵助を養子に迎え、長継と改名して家督を継がせた。長継自身には正室池田長幸の娘との間に三男二女、それ以外にも子をなして一二男一三女あった。また、長継は実弟の関長政に一万八千七百石を与えて大名とした。支藩津山宮川藩の誕生である。のちに備中新見藩となった。長政の屋敷は現在のつやま自然のふしぎ館（津山科学教育博物館）にあった。

長継の時代には徳川幕府からの江戸城の石垣修理などの手伝い普請を命じられたほか、領内山林の検地や、寺社の再建や修理などを行っている。

嫡男忠継が亡くなったため、延宝二年（一六七四）、三男の長武に藩主の座を譲ったが、その後も藩政に対して強い発言力をもち続けた。しかし、五代目擁立に失敗し、津山藩森家改易ののち、元禄十一年（一六九八）に亡くなった。享年八十九。墓は江戸麻布の瑠璃光寺にあったとされるが、現在確認されていない。津山近郊の下田邑千年寺に逆修塔《ぎゃくしゅとう》があるという。

### 森長武（三代）

二代藩主森長継の三男。長継の嫡男忠継が病死していたが、残された忠継の嫡男長成が三歳と幼かったため、藩主を務めることは無理で、中継ぎとして長武が三代藩主となった。高級和紙の原料となる楮の栽培育成を奨励、河川の改修、銀山の開発や街道の整備に着手した。

延宝四年（一六七六）四月、父長継の勧めで、弟の長俊に一万五千石を与え支藩津山新田藩を創立させた。この支藩はのちに森家が津山除封の際に播磨三日月へと移動となり、明治まで続いた。

伝承によれば長武は家臣や一族の言うことを聞かず、協調性に欠けることもあり、また長武が用人《ようにん》として抱えていた横山頼次に対して反発を覚える者が多く、貞享三年（一六八六）に長成が十六歳になったという理由から隠居した。しかし、本人は、隠居に対して不満で、長成の後見を務める支藩藩主の関長政を疎ましく思い、自分に対して有利な藩主と、隠居料二万石を給地に代えて大名に列せられることを画策したというがあくまでも伝聞である。元禄九年（一六九六）、江戸で死去した。享年五十二。墓は江戸上野の寛永寺円覚院にあったが、維新後に森家の別家が浅野家改易後藩主を務めた赤穂の花岳寺に移された。

**森長成（四代）**

二代藩主森長継の嫡男忠継の嫡男で、三代目藩主長武の甥。貞享三年（一六八六）、三代藩主長武が隠居したため家督を継ぐ。藩内の道路整備や国境に茶屋を置いた。また、新しい道を開くなど交通網を充実させた。それと共に、地誌『作陽誌』を編纂、史蹟の顕彰もした。

元禄十年（一六九七）、病死。享年二十七。子どもがなかったため、二代藩主森長継の一二男である伯父の関衆利を末期養子として、将軍に御目見えを果たそうとして江戸に向かうが、その途中で、衆利は乱心した。このため、森家は改易となった。

同年、二代目藩主森長継の一一男長直に備中西江原二万石があたえられ、家名は存続、翌年に一一男長直に家督を譲った。赤穂事件後の赤穂に転封となり、赤穂の地で明治維新まで続いた。

長成は江戸渋谷の祥雲寺に葬られた。

# ② 越前松平家の時代

数ある徳川一門の中でも特に地位の高い越前松平家の嫡家。
高いプライドを背負いながもさらに高みを目指して将軍の息子を藩主として迎え、
失った五万石と十万石に見合う格式を手に入れた。

## 越前松平家歴代の藩主たち

### 松平宣富（初代）

森家が領地お取り上げとなった後に、津山に入ったのは、徳川家康の二男結城秀康を祖とする越前松平家であった。結城秀康は、徳川家康の二男として生まれながらも、幼い頃から父家康に疎まれたため、長男信康亡き後、嫡男となることができず、豊臣秀吉の養子に出されたとさえいわれている。

その子忠直は叔父秀忠への鬱屈からだろうか、目に余る行為が続いたため豊後に配流されてしまう。その長男である松平光長は、越後高田二十五九千石の藩主となったが、ここで、越後騒動が起こり、家臣団を抑えることができなかったため、伊予に流されたが、貞享四年（一六八七）に許された。

元禄十年（一六九七）に、光長は養子に迎えたいとこの白河藩主松平直矩の三男長矩に家を継がせた。津山十万石の藩主となった長矩は、将軍家宣から一字与えられて名を宣富と改めている。

宣富は、延宝八年（一六八〇）、江戸の白河藩邸で生まれ、元禄六年に光長の養子となった。二十三年間津山を統治した後、享保六年（一七二一）に津山で亡くなった。享年四十二。墓は津山の泰安寺にある。

## 松平浅五郎（二代）

宣富の長男として、享保元年（一七一六）に江戸桜田屋敷で生まれ、享保六年三月二十六日、父宣富の死を受けて、わずか六歳で家督を継いだものの、同十一年十一月十一日、江戸藩邸で死去、江戸西久保の天徳寺に葬られた。享年十一。なお、東京の戦災に伴う区画整理のため移転を余儀なくされ、天徳寺の松平家墓地は、現在谷中の確堂の墓の隣に合葬されている。

## 松平長熙《ながひろ》（三代）

二代藩主宣富の弟松平知清の三男として享保五年（一七二〇）、江戸で生まれた。宣富の長男浅五郎が死亡したため、津山松平家の養子となった。嗣子がなく藩主が亡くなったため本来ならば取り潰しになるところ、由緒ある家柄であるため、十万石から五万石に減封されて九歳の長熙が家督を継ぐことが許された。
幼い長熙が藩主となったものの、山中騒動が起きたり、十万石から五万石に減らされたため、家臣を削減しなければならないなど前途多難の幕開けとなった。さらに蝗《いなご》の害などで藩財政が困窮する中、享保二十年、長熙は江戸の藩邸で亡くなった。わずか十六歳だった。彼も天徳寺に葬られた。

**松平長孝（四代）**

出雲広瀬藩主松平近朝の三男として享保十年（一七二五）、出雲で生まれる。松江藩主松平宣維《のぶすみ》に養われていたが、享保二十年、津山藩主松平長熙が死去したため、幕府の許可を得て養子となり、津山松平家を継いだ。
美作の幕府領での元文騒動が周囲に広がる気配を見せていた。同時に藩内の院庄と野介代《のけだ》の大庄屋が免職されるなど村方にはさまざまな問題が生じていた。その上、財政は困窮を極めており、厳しい時代に二十七年間にわたって藩主を務め、宝暦十二年（一七六二）に亡くなり、天徳寺に葬られた。享年三十八。

**松平康哉《やすちか》（五代）**

長孝の二男として宝暦二年（一七五二）に江戸藩邸で生まれる。宝暦十二年に十歳で家を継ぐ。康哉は熊本藩主であった細川重賢を尊敬していた。細川重賢は藩政改革に成功する一方で、西洋の学問に傾倒した蘭癖大名として有名。松平定信が細川重賢と仲が良かったため、定信の屋敷によく出向いて、重賢とも会っていたという。

その影響からか、康哉が行った改革には、定信が進めた幕府の寛政の改革に似たものが見受けられる。

学問を奨励し、大村荘助らを登用して藩士たちに対して講議を行わせている。さらに京都から植村正助を招いて町人や農民に心学を学ばせている。

こうした康哉の時代に藩医宇田川玄随が『西説内科撰要』を訳すなど、洋学の大藩となる一歩が刻まれた。また、農民たちが没落していく中で農政に関する法令を出した。そこには「農業専一」、「男女他国奉公禁止」、「郷中商禁止」などの農村統制が行われた。

寛政六年(一七九四)に死去し、天徳寺に葬られた。享年四十三。

**松平康乂《やすはる》(六代)**

康哉の二男として天明六年(一七八六)、江戸屋敷で生まれる。寛政六年、九歳で父の跡を継ぐ。没落する農家が絶えず、中には農業を嫌う若者たちもあらわれ、農業奨励策が図られるようになった。

文化二年(一八〇五)、弟の慎三郎を末期養子にした翌日、二十歳で亡くなり、天徳寺に葬られた。

**松平斉孝（七代）**

五代目藩主松平康哉の三男、松平康乂の弟として天明八年（一七八八）、津山藩江戸屋敷で生まれる。文化二年（一八〇五）、兄の康乂の養子となり、家を継ぐ。文化十四年、将軍徳川家斉の子斉民を養子にするよう命を受け、文化十五年に五万石を加増されて、十万石に復した。将軍家斉から一字を与えられ斉孝と名を改めた。

天保二年（一八三一）、家督を養子斉民に譲り隠居して、津山に帰り、城北御対面所（現在の衆楽園）の西に隠居所を建て住んだ。天保九年、津山で没した。五十一歳だった。墓は津山の泰安寺にある。

**松平斉民（八代）**

十一代将軍徳川家斉の一四男として文化十一年（一八一四）、江戸で生まれたが、文化十四年に江戸の津山藩邸に移った。文政十二年に斉孝の娘と結婚している。しかし、長男出産の時に死去、のちに斉孝の弟の娘と再婚している。

天保二年（一八三一）、斉孝から家督を譲られて藩主となる。藩主となってすぐに、藩政を行う上で不便な場所を美作地方の幕府領と交換すべく働きかけ、天保八年に成功し、また倉敷や小豆島などを手に入れた。天保十二年、村方や町方へ触書を出し、怠惰な町人たちを督業場《とくぎょうば》を造ってそこに収容した。天保十四年、学問所や稽古場、射場などを設けて、藩士たちに文武に励むように促し、庶民教育の場として教諭場を開いた。弘化四年（一八四七）、斉孝の四男慶倫を養子とする。

嘉永六年（一八五三）のペリー来航後には、幕府に対して積極的な開国の意見書を提出。また、ペリーが携えてきた国書の翻訳に藩医の箕作阮甫や宇田川興斎が関わった。安政二年（一八五五）に隠居して、確堂と号し、翌年幕府から格別の続柄という理由から生涯一万俵を与えられることになった。

明治元年（一八六八）、徳川家達の後見人として激動の時代の徳川家を支え、明治二十四年に七十八歳で亡くなった。墓は東京都台東区の谷中墓地にある。

### 松平慶倫《よしとも》（九代）

七代藩主松平斉孝の四男として文政十年（一八二七）、津山に生まれ、弘化四年（一八四七）、八代藩主斉民の養子になり、安政二年（一八五五）に家督を譲られた。

先代の斉民とは違い、開国に反対の立場をとり、文久二年（一八六二）には攘夷の立場を示している。京都に上り将軍の上洛を求め、薩長の和合を促すように働きかけるような動きも見せたが、八月十八日の政変以降の尊攘派藩士たちを捕らえて、攘夷運動から遠ざかった。

第一次、第二次長州戦争には出兵したが消極的であったという。

元治元年（一八六四）に、小豆島でイギリス船船員による島民射殺事件が起こる。また、藩内ではないが近隣の倉敷代官所が襲撃される浅尾騒動があり、この動きが美作全体だけでなく小豆島にまで広がった。慶応四年（一八六八）、備前岡山藩から来た役人の行動に美作の農民たちが動揺し、翌明治二年（一八六九）まで鶴田《たづた》騒動とも呼ばれる庄屋討伐の動きが広まった。明治二年の版籍奉還によって藩主ではなくなったが、藩知事に任命される。明治四年の廃藩置県に際して藩知事を免官され、その直後に津山で亡くなった。享年四十五。墓所は津山市内の愛山松平家墓所の愛山廟。

3

# 津山藩の支配の仕組み

森家と松平家がどのように美作津山を支配していたのか。武士たちの役職や、町人たちの役割などを通して、実情を紹介する。

## 森家時代の仕組み

藩のトップは藩主であるが、その下にいる家臣たちにはさまざまな階級があった。

藩主に次ぐ地位にいるのが、家老だ。時代によって員数が増減することもあったが、六人程度が基本。藩内の重要なことは全員で協議して決定した。普通はこのうちの一人を執権（大仕置）として置き、日常の政務を取り仕切った。

それに続くのが年寄で、家老をサポートした。数人いたが、のちにはこの中から何人か選んで仕置と呼ばれる大仕置の助役を置いた。この仕置は長武の時に用人と名称を変えた。長武の時代には用人の人材確保が難しくなったので年寄格以外の家からも用人を出すことが可能となった。

用人の下にはすべての藩士の行動を監視する大目付があった。大目付はキリシタンを取り締まる切支丹奉行も兼任した。大目付の下には、目付（横目）に在目付（郷中目付）が置かれた。目付のうちに歩行《かち》目付支配と雑賀支配も設けられた。使番は戦の時には戦場の視察や、命令の伝達を行うが、平時には藩主の使者などを務める。配下に歩行を支配する歩行小頭がいた。奏者は藩士の謁見や上奏を取り次いだ。

郡奉行は、郡や村の政務を担当し、村役人を支配下に置く。一人二郡を担当し六人いるのが基本であった。郡奉行の下にはそれぞれ下代、所務下代、書役（物書き）がいた。郡奉行に対し、津山城下町の政治を取り仕切るのが町奉行で、町役人を支配した。二人が月交代で仕事にあたる。下代（小頭）と同心が付属していた。

寺社や寺社領、僧尼、神職、山伏などを司どる寺社奉行が置かれた。また、年貢の出納をはじめとする藩の財政を取り仕切る勘定頭がいた。その下には下代がいた。なお、米穀や金銀の出納を審査して文書に信用を保証する裏印を捺す裏判奉行、年貢米を管理する蔵奉行、金銀奉行など財務に関する諸役だけでなく、無足衆や中小姓もその配下に置いた。

国元の役職には普請（土木）奉行、作事（建築）奉行などがあった。

津山藩士は、津山だけでなく江戸にも住んでいた。江戸藩邸には年寄用人と留守居が常駐し、幕府との交渉や他藩との交際を司っていた。これ以外に江戸表買物奉行、江戸聞番、芝屋敷奉行、江戸作事奉行などや定江戸と呼ばれる江戸詰めの者たちもおり、約百人ほどの藩士が江戸に住んでいたという。江戸以外にも京都や大坂にも屋敷があり、ここにも留守居などの藩士たちがいた。

このほか藩主のそばには身の回りの世話をする近習、大小姓、医師、側頭、奥詰側衆などがいた。

## 越前松平家津山藩における武士とは

松平家では、美作に移るにあたって、それまでの家臣の数は中間《ちゅうげん》を含めて三五九人であったが、役職が少なく、形態も藩政を行うようにはなっていなかった。そこで、家臣団を整えるために新しく士を抱えた。御歩行、小算役、小役人、坊主、中間は、二人の用人の裁量で採用したという。

津山に移る前から仕えていた者たちを古参と呼び、新しく抱えられた者たちを新参として区別した。もっといえば、光長、綱国の伊予松山、備後福山配流につき従った者は「譜代」、許されて江戸に戻ってから召抱えられた者を「古参」と称した。

どこまでを武士とするかというと、小従人組までが士分であったという。小従人組であっても努力しだいでは、大番頭《おおばんがしら》までは出世できた。古参の家では親が終生無役で終わっても、小姓組や中奥組、大番組よりは下に下がらないとされた。反対に新参の子は小従人組からのスタートとなる。足軽は五十五年間務めてのち歩行格に引き上げられた。また士分ではない足軽は、小従人組以上の者に路上であった場合には下駄を脱いで下坐しなければならないという決まりがあったという。このように家の格式によってどこまで出世できるかが、大きく異なったのである。

## 津山藩の家臣団

享保十一年（一七二六）の十万石時代の分限帳によると、家臣団の最上位は、家老である。家老には下位に中老があった。次が、年寄で、下位に用人、頭分は奏者・大番組・小姓頭・大目付・中奥頭・小従人頭・歩行頭があり、また、頭分には物頭（旗奉行・留守居・町奉行・持筒頭・持弓頭・先手・長柄奉行）、寄合、使番（蔵奉行・勘定奉行・大坂留守居・寺社取次）も属していた。頭分の次は番外で、番外頭分は、船奉行・切支丹奉行・大番組頭・中奥組頭・小従人組頭、番外は郡代・山奉行・運上奉行・鉄砲改武具奉行・作事奉行・金払方・金奉行・小納戸・大勘者である。組付は、小姓組（小納戸・膳番・刀番・平小姓）、中奥組（中奥目付・祐筆・

# 格式・役職表

| 格式 | | 人数 | 役職 |
|---|---|---|---|
| 家老 | 家老 | 5 | 城代 |
| | 中老 | | |
| 年寄 | 年寄 | 9 | 添城代 |
| | 用人 | | |
| 頭分 | 奏者 | 3 | |
| | 大番頭 | 6 | |
| | 小姓頭 | 2 | |
| | 大目付 | 11 | |
| | 中奥頭 | 5 | |
| | 小従人頭 | 2 | |
| | 歩行頭 | 3 | |
| | 物頭 | 19 | 御簱奉行・留守居・町奉行・持筒頭・持弓頭・御先手・長柄奉行 |
| | 寄合 | 3 | |
| | 使番 | 29 | 御蔵奉行・勘定奉行・大坂留守居・寺社取次 |
| 番外 | 番外頭分 | 15 | 御船奉行・切支丹奉行・大番組頭・中奥組頭・小従人組頭 |
| | 番外 | 20 | 郡代・山奉行・運上奉行・鉄砲改武具奉行・作事奉行・御金払方・御金奉行・小納戸・大勘者 |
| 組付 | 小姓組 | 33 | 小納戸・膳番・刀番 |
| | | | 平小姓（26人） |
| | 中奥組 | 79 | 中奥目付・祐筆・御蔵目付・医師・御匙 |
| | | | 中奥組３組（49人） |
| | 大番組 | 110 | 代官・町代官・寺社取次・徒（歩行）組頭・次祐筆・小勘者・台所見習・蔵目付・御乗馬・馬医・馬別当 |
| | | | 大番頭５組（84人） |

| 格式 | | 人数 | 役職 |
|---|---|---|---|
| 組付（以上士格） | 小従人 | 38 | 大坂蔵奉行・御茶道・小勘者・座敷奉行・料理人・次祐筆・台所目付 |
| | | | 小従人組２組(25人) |
| | 大役人 | 40 | 小勘者・次祐筆・帳付・料理人・御櫛上・大工棟梁・大納戸・紙納戸・坊主頭・絵師・火之番・十分一役・荒物方・勘定方・勝手方 |
| | 小役人 | 127 | 御蔵渡方・大坂蔵役・鉄砲張・台師・金具師・矢師・細工方・紙漉・帳付・皿村煙硝蔵番・御庭方・中間頭・小桁船改・薪奉行・御馬爪髪役・御金番・膳方・賄方・舂屋・塩噌干物方・荒物方・酒方・掃除奉行・椀方・進物方・作事方・作事目付・台所目付・座敷番・勘定方 |
| | 歩行 | 36 | 歩行目付・平歩行 |
| | 坊主 | 33 | 御前坊主・家老坊主・小納戸坊主・総坊主 |
| 計 | | 628 | |
| 足軽・中間 | 御手廻り（江戸） | 199 | 草履取・長刀持・大道具物・傘持・中間小頭・中間部屋頭・中間 |
| | 御国方 | 139 | 足軽・鳶の者・杖突中間・御蔵方中間（秤目）・太鼓打中間 |
| | 足軽・中間計 | 338 | |

（享保11年分限帳10万石時代による）

蔵目付・医師・御匙・中奥組)、大番組(代官・町代官・寺社取次・歩行組頭・次祐筆・小勘者・台所見習・蔵目付・乗馬・馬医・馬別当)、組付小従人(大坂蔵奉行・茶道・小勘者・座敷奉行・料理人・次祐筆・台所目付・小従人組)。ここまでが士分である。以下、大役人(小勘定・次祐筆・帳付・料理人・櫛上・大工棟梁・大納戸・紙納戸・坊主頭・絵師・火之番・十分一役・荒物方・勘定方・勝手方)、小役人(蔵渡方・大坂蔵役・鉄砲張・台師・金具師・矢師・細工方・紙漉・帳付・皿村煙硝蔵番・庭方・中間頭・小桁舟改・薪奉行・馬爪髪役・金番・膳方・賄方・舂屋・塩噌干物方・荒物方・酒方・掃除奉行・椀方・進物方・作事方・作事目付・台所目付・座敷番・勘定方)、歩行(歩行目付・平歩行)、坊主(御前坊主・家老坊主・小納戸坊主・総坊主)と続く。以下は士分ではない足軽階級は、足軽・中間で御手回(江戸で、草履取・長刀持・大道具持・傘持・中間小頭・中間部屋頭・中間)、御国方(足軽・鷹の者・杖突中間・蔵方中間・太鼓打中間)、さらに多くの足軽・中間がいた。

## 町方の仕組み

町の行政の仕組みは、森家の時代と松平家の時代とはそれほど変わっていない。町奉行が行政と司法と両面から管理していた。町奉行は二百石程度の

**大年寄扶持米支給額の推移**

| 年代＼大年寄三家 | 蔵合 | 油屋 | 笹屋 | 備考 |
|---|---|---|---|---|
| 元禄期 | 30人扶持 | 10人扶持 | 10人扶持 | 森長成時代 |
| 元禄15（1702） | 7人 | 7人 | 7人 | |
| 宝永5（1708） | 200俵 | 10人 | 10人 | |
| 享保7（1722） | 12人 | 12人 | 12人 | |
| 享保11（1726） | 10人 | 10人 | 10人 | |
| 文政12（1829） | 記載なし | 6人 | 太布屋　6人 | 元文2年（1737） |
| 天保11（1840） | 6人 | 6人 | 〃　6人 | 太布屋に代わる |

すべて10万石時代。宝永5年の蔵合200俵は66石、ほぼ34人扶持相当。
「津山藩分限帳」参照。（『津山温知会誌』所収）

家臣から二名が選ばれる。百九十石以下の者が役に就いた場合には、役高が与えられることになっていた。奉行所として自宅を使用し、一カ月交代で仕事に就いた（月番制）。町で起こった事件は、当事者が村方の者であっても最初は町奉行が担当することに決められていた。

　享保八年（一七二三）、二人制から一人制に改められた。町奉行が病気などの場合には郡代二人が職務を代行することと申し渡しがあったという。宝暦四年（一七五四）から安永元年（一七七二）までは、郡代や勘定奉行などの役職と兼任となった。

## 津山町方支配組織略図

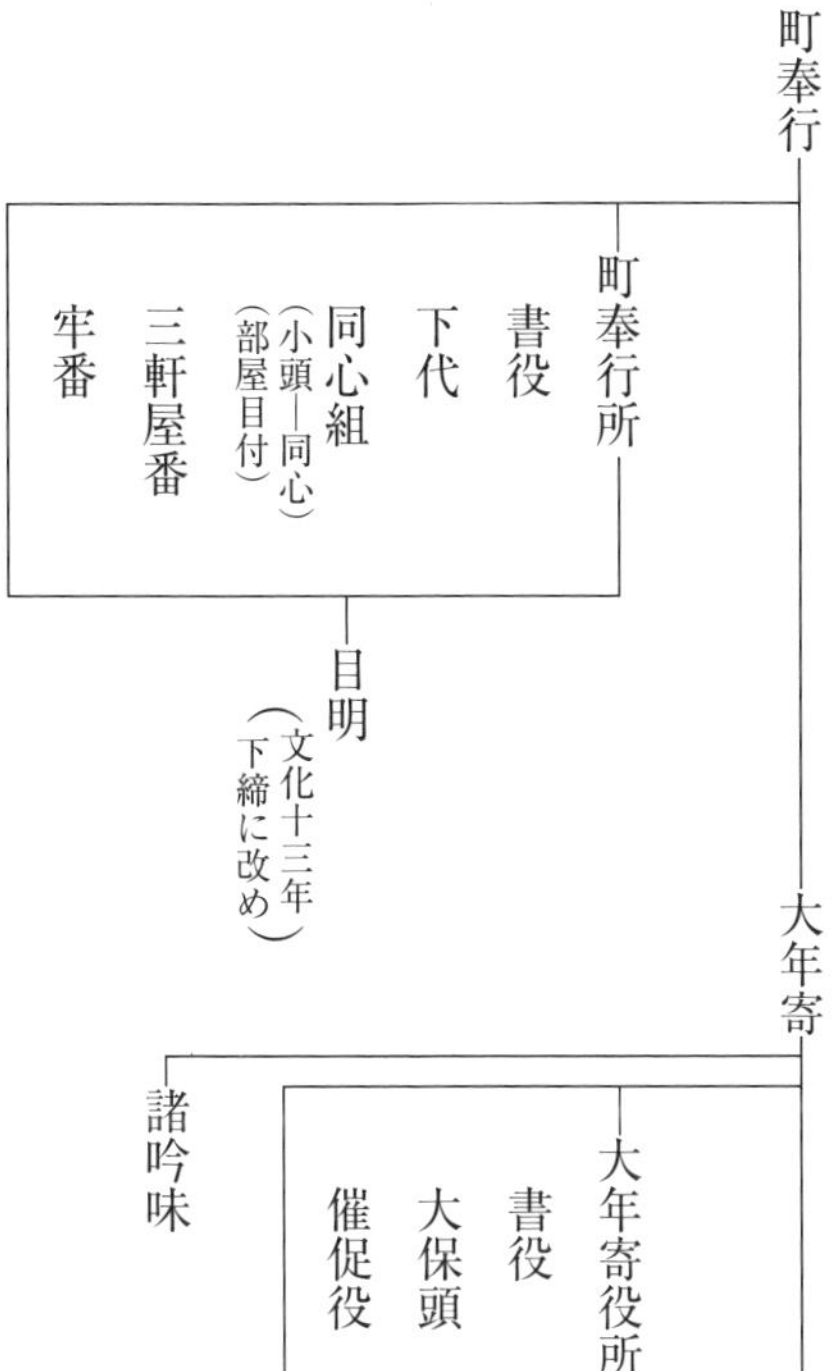


『津山町方諸役人調』・『国元日記』・『町奉行日記』・『御家御定書』・『勘定書』等による。

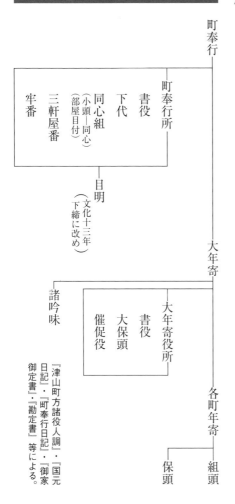

町奉行の下には書役や足軽がつけられていた。この足軽は後年になると同心と呼ばれるようになった。

同心は治安維持のため、城下の見廻りをし、火事や洪水の時には被害状況を調査する。また、徳守神社の祭礼と大隅神社の祭礼の際には屋台や神輿《みこし》、神輿太鼓の周りに二、三人付き添う。松江や勝山の藩主が参勤交代で藩内に宿泊する際には、本陣付近の見廻りをした。

奉行所の組織には入らないが、日常、城下の見廻りをする目明《めあかし》がいた。町人の中から選ばれる。夜警や城下に宿泊する者の数と料金を定期的に町奉行に報告している。また、同心と共に囚人の護送にもあたった。目明の手当は町の入用《いりよう》からまかなわれた。

町方の民政を担当する町人を町役人といい、津山では大年寄、諸吟味役、町年寄、書役、保頭《ほうとう》などが設けられていた。大年寄は町政全般を統括し、町触の伝達、運上金の取り立て、町人同士の紛争の調停や町奉行所への報告などが主な仕事であった。大年寄は、森家時代も松平家時代も蔵合屋、油屋、笹屋の三軒が世襲で務めることになっていたが、元文二年（一七三七）に笹屋に替わって太布屋が役目を果たすようになった。松平家時代に大年寄は苗字帯刀を許され、自宅を役場として使い、月番制を取っていた。藩から扶持米が支給されていたが、年代によって異なっていた。

**大保頭の町方分担区域**

| | |
|---|---|
| 1. | 二階町　下紺屋町　細工町　鍛治町 |
| 2. | 元魚町　美濃職人町　二丁目　新職人町 |
| 3. | 三丁目　戸川町　桶屋町　福渡町　上紺屋町 |
| 4. | 坪井町　宮脇町　西今町　茅町　安岡町 |
| 5. | 堺町　吹屋町　新魚町　河原町　小性町　船頭町 |
| 6. | 京町　伏見町　材木町　橋本町　林田町　勝間田町　中之町　西新町　東新町 |

『町奉行日記』参照。

諸吟味役は、宝暦九年（一七五九）に新設されたもので、大年寄の評議に参加して意見を述べることができる。この役に就いたのは、藩の御用達《ごようたし》を務める大商人たちであった。大年寄の家で、月番で勤務した。一時期、財政難で空席となった時期もあるが、幕末まで続いた。

町年寄は、各町から一人から三人が町の大きさに応じて選ばれた。大年寄を通じて町方に出された指示などは町年寄が町の人々に伝達する。町の人々の身分や人物の保証、関貫番所の差配、町人の入居、他出、人別改など多岐にわたる。一町一人制になった時もあったが、元の体制に戻った。

大保頭は、大年寄の下で、藩からの伝達や指示、大年寄の判断による指示や伝達事項を町年寄に伝え、大年寄間の連絡にもあたった。火事の時に状況を大年寄に報告することも仕事であった。各町に置かれた保頭は、町年寄の指示で各戸への連絡を行った。

エピローグ

# 森本右近太夫・平沼騏一郎・水田昌二郎

カンボジアの世界遺産アンコール・ワットに江戸時代初期の日本人の落書きがあることは知られている。その名は森本右近太夫《うこんだゆう》である。寛永九年（一六三二）に参詣して、父母の菩提を弔う意の墨書である。単なる落書きではない。まさに、「千里之海ヲ渡リ一念之儀ヲ念ジ」て、墨書したという。途中さまざまな困難があり生命の危険を何度も乗り越えたのだろう。今自分が生きていることに、自分を生んでくれた摂津池田生まれの父儀太夫と尾張生まれの母に大いに感謝し、その戒名を記した。江戸初期に海外に出て、日本を、父母を思った男である。ところでこの右近太夫の縁者の子孫は江戸時代の津山で代々「錦屋」という商家を営んでいたことはどれだけ知られているだろうか。

かの森忠政が入部して津山城下の建設が始まり、右近太夫の叔父、つまり右近太夫の父儀太夫の弟宗右衛門が、津山に出て商売を始め、二代目が町年寄を務め、また、森家・松平家の御用商人を務めて、津山城下の発展に尽くしてきた。津山周辺の新田開発にも関わったという。今、津山城への入口の脇に、森本家の御子孫が運営される「つやま自然のふしぎ館」がある。ここには世界的にも珍しい動物の剝製がたくさん展示されている。貴重な博物館であり、蘭学・洋学・博物学の津山にふさわしい施設である。これも、世界に誇りうる「津山の学問」を示すものだ。

「つやま自然のふしぎ館」ができたきっかけは、以下のようである。森本家は、かつて津山基督教図書館高校を経営していた。内村鑑三に私淑したキリスト者森本慶三が設立したものだ。大正十五年（一九二六）、私財を投げ打ち、まず基督教図書館を設立し、多くの貴重なキリスト教関係書籍を収集し、市民の閲覧に供した。昭和二十五年（一九五〇）に高校を設置・開校し、さらに同三十八年（一九六三）に津山科学教育博物館を開設したのである。この博物館が、今、財団法人化し「つやま自然のふしぎ館」として運営しているものだ。文系・理系を問わず興味深い資料があり、海外からも集客の図れる博物館であり、ぜひこれからも存続させていただきたい。これもまた津山藩の蘭学・洋学が近代になって津山に根づいた証拠のひとつといえるからだ。

ところで、「鶴山館《かくざん》」という、津山から東京に出た若者のための寄宿舎がある。旧藩主や藩士たちから浄財を募り、その思いを受け継いだ若者が住まい、学んだ。明治二十三年（一八九〇）より本郷、昭和六十一年より保谷市（現・西東京市）所在する。その人々の中には、平沼騏一郎や景山圭三がいた。彼らは、「宇田川・箕作に続け」と教えられ、一所懸命に学んだ。

平沼は、箕作秋坪の三叉学舎で学び、東京大学予備門を経て、東京帝国大学卒業後、司法省に入省、民刑局長、次官、検事総長、大審院長、司法大臣、貴族院議員、枢密顧問官、枢密院議長などを歴任し、昭和十四年首相に就任した。その後、近衛内閣では内務大臣等務め、ふたたび枢密院議長に就任し、降伏反対の姿勢で終戦工作に関与した。戦後、A級戦犯容疑で収監され、極東軍事裁判で終身禁固刑となるも、病気により仮釈放となった。その評価はいろいろあるかもしれないが、日本を動かしたことは紛れもない事実である。

景山は、慶応義塾大学医学部病理学教授として研究にまい進する傍ら、鶴山館で津山の若者たちに宇田川・箕作の話をことあるごとに語った。その謦咳《けいがい》に接した者も多かろう。ここには、まさに全家中挙げて御家の名を上げるという「御家光之御筋」の精神が、近代にも息づいていたことが理解されよう。

まさにそうした「御家光之御筋」を「津山の光」「日本の光」とすべく、アジア・太平洋戦争直後の困難な時代、日本蘭学会を津山で発足させたのが水田昌二郎である。蘭学・洋学の津山として津山の名を上げた、津山の恩人である。今存命ならば、九十七歳。あと三年で生誕百年、今年は没後七十年である。このような記念すべき年に本書が上梓できたことを、天上の水田と共に喜びたいと思う。水田が蒔いた種は、津山では、日本で唯一の津山洋学資料館としてしっかり根付き、全国的には津山洋学資料館友の会、さらには洋学史研究会、洋学史学会として大いに実っている。もちろん、民間の「つやま自然のふしぎ館」も存続している。

さらにそれを刈り入れ、種籾として蒔いて、それが、今度は十年後、二十年後、三十年後、そして七十年後、百年後にどんな実を結ぶのか、将来に託して、今何をなすべきか、本書を読んでくださった皆さんひとりひとりが、ぜひ考えていただければと思い、ここに筆を擱くが、最後に一言。

津山なくして洋学なし。洋学なくして津山なし。

# あとがき

今でも津山に多いものとして、医者・学者を挙げることができる。これはたぶんに山国気質が関係していると思われる。山国気質と医者・学者のことはいずれ述べるとして、自分も山国信州出身だからだからよくわかる。ついでに言えば、森忠政についてきた家臣の中には山国美濃や信濃の者もいたから、彼らは作州には親近感をもったに違いない。私がそうだから。ところで、山国には谷間根性という難物もある。ほかの谷のことを良く言わない、足を引っ張り合う。が、一方で進取の精神（新しい情報を得て思いを馳せる、行動する）もある。また、海や海外への憧れも人一倍強い。津山藩が小豆島がほしかったのもこうした心性が関係していたかもしれない。

いってみれば交流が好きなのだ。国際交流、これこそ最近まで普遍的価値であった。今この普遍的価値が危機を迎えている。世界では二〇〇一年九月十一日以来、日本では二〇一一年三月十一日以来、その動きが顕著になっている。過去の栄光、偉大な時代にばかり目をむけ、それを取り戻そう、それが我が民族の誇りだなどというむなしいスローガンしか聞こえない。果たしてそれでいいのだろうか。人類や民族にはいろいろな歩みがあった。それらを片よりなく学ぶ必要がある。確かに私たちの前に道はない。私たちの後に道はできる（高村光太郎）。前進あるのみだが、道は未知であり、時々、立ち止まってみる必要があろう。それでも自分で道をつけていくしかない。だからこそ人間は、歴史的に前進していると思いたいし、それを夢見てもいる。（スベトラーナ・アレクシェービッチの言葉）。未来を夢見る小さき人間、それが私だとすれば、小さき人間の書いた、この小さき本が、津山とそこに住む人たちや津山につながる人々、またこれから津山に関わろうとする人たちに未来への希望を与えられるようになったら、これ以上の幸せはないと思う。そして願わくは、津山に関係がない人々にさえ、読んでよかったと思ってもらえたら、とも思うが、それはないものねだりだろうか。未来への指針はどこにもありそうで、なかなか見つからない。でも、どこかにある。この本の中で書いた津山の人の中にはそうした指針を示してくれる、過去の津山人たちが確かにいると信じたい。どうか、探してほしい。それが、小さき著者のささやかな願いである。

本書を成すまでには実に多くに方々にお世話になった。お名前を記して謝辞を申し上げたい（敬称略・順不同）。下山純正、乾康二、小島徹、田中美穂、津山洋学資料館歴代館長・館員の皆様、同館友の会歴代会長はじめ皆様、津山郷土博物館の皆様、森本謙三、山本博文、平川新、大久保健晴、生島淳、片桐一男、青木歳幸、上廣倫理財団丸山登・海老瀬達也・大城邦博・豊田隆志、現代書館菊地泰博ほか皆様。

特に下山純正先生とは、私がまだ大学院生時代であったが、洋学史学会の設立大会でたまたま出会い、その後、たびたび講演を依頼してくださり、さらには、津山洋学資料館新館展示構想策定委員をさせていただいて以来、毎年のように津山におうかがいすることになって、今回も本書の構想段階から校正まで大変お世話になった。本書がお世話になった下山先生をはじめ津山の皆様へのささやかなお返しになれば望外の幸せである。そして編集の加唐亜紀さんの手によって私の原稿は本シリーズにふさわしいものに初めてなり得た。お二人に心より感謝申し上げたい。本当にありがとうございました。

なお、巻末に参考文献を挙げるが、紙幅の関係で割愛せざるを得なかったものもある。ご寛恕願いたい。本書では『津山市史』を多く参考にさせて頂いた。資料を集められ執筆し校正された関係者に、心から感謝申し上げる。ただ、近年の研究の進展により改訂すべき点もあるという。本書では、時間的な制約から新しい研究を十分に反映できてはいない部分もあるかもしれない。これ又、御寛恕を願う。

さて、ここでも最後に一言。第二の故郷はどこかと聞かれれば、ためらいなく「津山」と答えたい自分がいることに今、気がついた。

## 参考文献


（編著者五〇音順）

乾康二「津山城下町と酒」『津山城下町と酒』津山郷土博物館、二〇〇七年

岩下哲典『権力者と江戸のくすり』北樹出版、一九九八年

同『〔改訂増補版〕幕末日本の情報活動』雄山閣、二〇〇八年

同『日本のインテリジェンス』右文書院、二〇一一年

同『解説　大槻磐渓編「金海奇観」と一九世紀の日本』雄松堂書店、二〇一四年

同『山岡鉄舟・高橋泥舟』ミネルヴァ書房、二〇二三年

卜部忠治・今岡堅一共訳『広瀬旭荘の津山紀行』津山郷土博物館、二〇〇二年

岡山歴史人物事典編纂委員会編『岡山歴史人物事典』山陽新聞社、一九九四年

大久保建晴『近代日本の政治構想とオランダ』東京大学出版会、二〇一〇年

大高洋司・小島道裕・大久保純一編『鍬形蕙斎画　近世職人尽絵詞』勉誠出版、二〇一七年

大橋敦夫『旧作新学校本館（作新記念館）蔵教科書目録』上田女子短期大学大橋研究室、二〇一七年

岡山県立津山高等学校百年史編纂委員会編『津山高校百年史』同校同窓会、一九九五年

尾島治「津山藩と小豆島」『津山藩と小豆島』津山郷土博物館、一九九八年

同「津山藩の江戸屋敷」『津山藩の江戸屋敷』津山郷土博物館、二〇〇一年

同「戦国武将　森忠政」『戦国武将　森忠政』津山郷土博物館、二〇〇四年

同「津山藩松平家お抱え絵師について」『津山藩狩野派絵師　狩野洞学』津山郷土博物館、二〇〇六年

尾島治・小島徹・梶村明慶・東万理子『学芸員が作った津山城の本』津山郷土博物館、二〇一五年

笠谷和比古『徳川家康』ミネルヴァ書房、二〇一六年

木村岩治編『箕作阮甫　西征紀行』津山洋学資料館友の会、一九九一年

同『洋学者箕作阮甫とその一族』日本文教出版、一九九四年

小島徹「津山藩主松平家の参勤交代と大名行列図の作成経緯」『行列を組む武士たち』津山郷土博物館、二〇一六年

同「美作国絵図の描画内容の変遷」『津山市史研究』第三号、二〇一七年

呉秀三『箕作阮甫』思文閣、一九一四年

山陽放送学術文化財団『岡山蘭学の群像』Ⅰ・Ⅱ、二〇一六、二〇一七年

下山錬「伊能勘解由の津山測量行に関する記録」『津山郷土館報』第6集、一九七四年

生島淳「明治・大正期における麒麟麦酒と明治屋の関係について——磯野計と磯野長蔵の企業家活動を中心に」『イノベーション・マネージメント』No1、二〇〇四年

次郎丸憲三『箕作秋坪とその周辺』箕作秋坪伝記刊行会、一九七〇年

竹越與三郎『磯野計君伝』磯野長蔵、一九三五年

谷淵陽一『岡山の殿様群像』吉備人出版　二〇〇一年

津山市編『津山学ことはじめ』津山市、二〇〇〇年

同『津山城百聞録』津山市、二〇〇九年

津山市史編さん委員会編『津山市史』第3、4、5巻、津山市、一九七三、一九九五、一九七四年

津山の人編集委員会編『津山の人物』Ⅰ～Ⅲ　津山市文化協会、一九九〇、一九九一、一九九三年

津山洋学資料館編・刊『黒船の来航と津山の洋学者』（津山洋学資料第八集）一九八四年

同『津山洋学——水田昌二郎遺稿集』一九九六年

同『ペリーが来た』

野中勝利「『廃城』後の城址における公園化の契機と経過」『ランドスケープ研究』79（5）、二〇一六年

西田毅「近代日本における『士魂商才』論——竹腰三叉『磯野計君伝』を中心に」『近代日本研究』Vol.8　一九九一年

水田楽男『洋学者宇田川家の人々』日本文教出版、一九九五年

三谷博『ペリー来航』吉川弘文館、二〇〇三年

森本謙三編・刊『森本慶三の生涯と信仰』上（津山基督教図書館七十周年記念）一九九六年

蘭学資料研究会編『箕作阮甫の研究』思文閣出版、一九七八年

若松正志「貿易都市長崎における酒造統制令の展開」『京都産業大学論集』（社会科学系列）、一九九五年

『藩史大事典』雄山閣、一九九〇年

津山市公式観光サイト　http://www.tsuyamakan.jp/tour/?sk=7

つやま自然のふしぎ館HP　http://www.fushigikan.jp/fushigi/


## 協力者


下山純正、津山郷土博物館、津山洋学資料館、本源寺、徳守神社、安藤一洋、玉置明正、松平康

**岩下哲典**（いわした・てつのり）

一九六二年、長野県塩尻市生まれ。元津山洋学資料館展示構想策定委員。現在、東洋大学文学部史学科・大学院文学研究科史学専攻教授。徳川林政史研究所特任研究員。博士（歴史学・青山学院大学）。著書に『江戸のナポレオン伝説』『江戸情報論』『江戸の海外情報ネットワーク』『予告されていたペリー来航と幕末情報戦争』『増補改訂版　幕末日本の情報活動』『江戸将軍が見た地球』『病とむきあう江戸時代』など多数。

シリーズ藩《はん》物語《ものがたり》 **津山藩《つやまはん》**

二〇一七年十月十日　第一版第一刷発行
二〇二四年五月十日　第一版第二刷発行

著者――――岩下哲典
発行者―――菊地泰博
発行所―――株式会社 現代書館
東京都千代田区飯田橋三―二―五　郵便番号 102―0072　http://www.gendaishokan.co.jp/
電話 03―3221―1321　FAX 03―3262―5906　振替 00120―3―83725
組版――――デザイン・編集室 エディット
装丁――――中山銀士＋杉山健慈
印刷――――平河工業社（本文）東光印刷所（カバー・表紙・見返し・帯）
製本――――鶴亀堂製本
編集――――加唐亜紀
編集協力――黒澤　務
校正協力――二又和仁

 ISBN978-4-7684-7145-6

# 江戸末期の各藩

**松前**、八戸、七戸、黒石、**弘前**、**盛岡**、**一関**、秋田、亀田、本荘、秋田新田、仙台、松山、**新庄**、**庄内**、天童、長瀞、**山形**、上山、**米沢**、米沢新田、相馬、福島、**二本松**、三春、**会津**、**守山**、棚倉、平、湯長谷、泉、**村上**、黒川、三日市、**新発田**、村松、三根山、与板、**長岡**、椎谷、**高田**、糸魚川、松岡、笠間、宍戸、**水戸**、下館、結城、**古河**、下妻、府中、土浦、麻生、谷田部、牛久、大田原、黒羽、烏山、喜連川、**宇都宮・高徳**、壬生、吹上、**足利**、佐野、関宿、高岡、佐倉、小見川、多古、一宮、**生実**、鶴牧、久留里、大多喜、請西、飯野、佐貫、勝山、館山、岩槻、忍、岡部、**川越**、沼田、前橋、伊勢崎、館林、高崎、吉井、小幡、安中、七日市、飯山、須坂、**松代**、**上田**、**小諸**、岩村田、田野口、**松本**、諏訪、**高遠**、飯田、金沢、荻野山中、小田原、**沼津**、小島、田中、掛川、**相良**、横須賀、浜松、富山、加賀、大聖寺、郡上、高富、苗木、岩村、加納、大垣、高須、今尾、犬山、挙母、岡崎、西大平、西尾、吉田、田原、大垣新田、尾張、**刈谷**、西端、長島、**桑名**、神戸、菰野、亀山、津、久居、鳥羽、宮川、彦根、大溝、山上、西大路、三上、膳所、水口、丸岡、勝山、大野、**福井**、鯖江、敦賀、小浜、淀、新宮、田辺、紀州、峯山、宮津、田辺、綾部、山家、園部、亀山、福知山、柳生、柳本、芝村、郡山、小泉、櫛羅、高取、高槻、麻田、丹南、狭山、岸和田、伯太、豊岡、出石、柏原、篠山、尼崎、三田、三草、明石、小野、姫路、林田、安志、龍野、山崎、三日月、赤穂、鳥取、若桜、鹿野、**津山**、勝山、新見、岡山、庭瀬、足守、岡田、岡山新田、浅尾、松山、鴨方、福山、広島、広島新田、高松、丸亀、多度津、西条、小松、今治、松山、**大洲・新谷**、**伊予吉田**、**宇和島**、徳島、**土佐**、土佐新田、**松江**、広瀬、母里、浜田、津和野、岩国、徳山、長州、長府、清末、小倉、小倉新田、**福岡**、**秋月**、**久留米**、柳河、三池、蓮池、唐津、**佐賀**、小城、鹿島、大村、島原、平戸、平戸新田、**中津**、杵築、日出、**府内**、臼杵、**佐伯**、森、**岡**、熊本、熊本新田、宇土、人吉、延岡、高鍋、佐土原、飫肥、薩摩、対馬、五島（各藩名は版籍奉還時を基準とし、藩主家名ではなく、地名で統一した）

★太字は既刊

シリーズ藩物語・別冊『それぞれの戊辰戦争』（佐藤竜一著、一六〇〇円＋税）

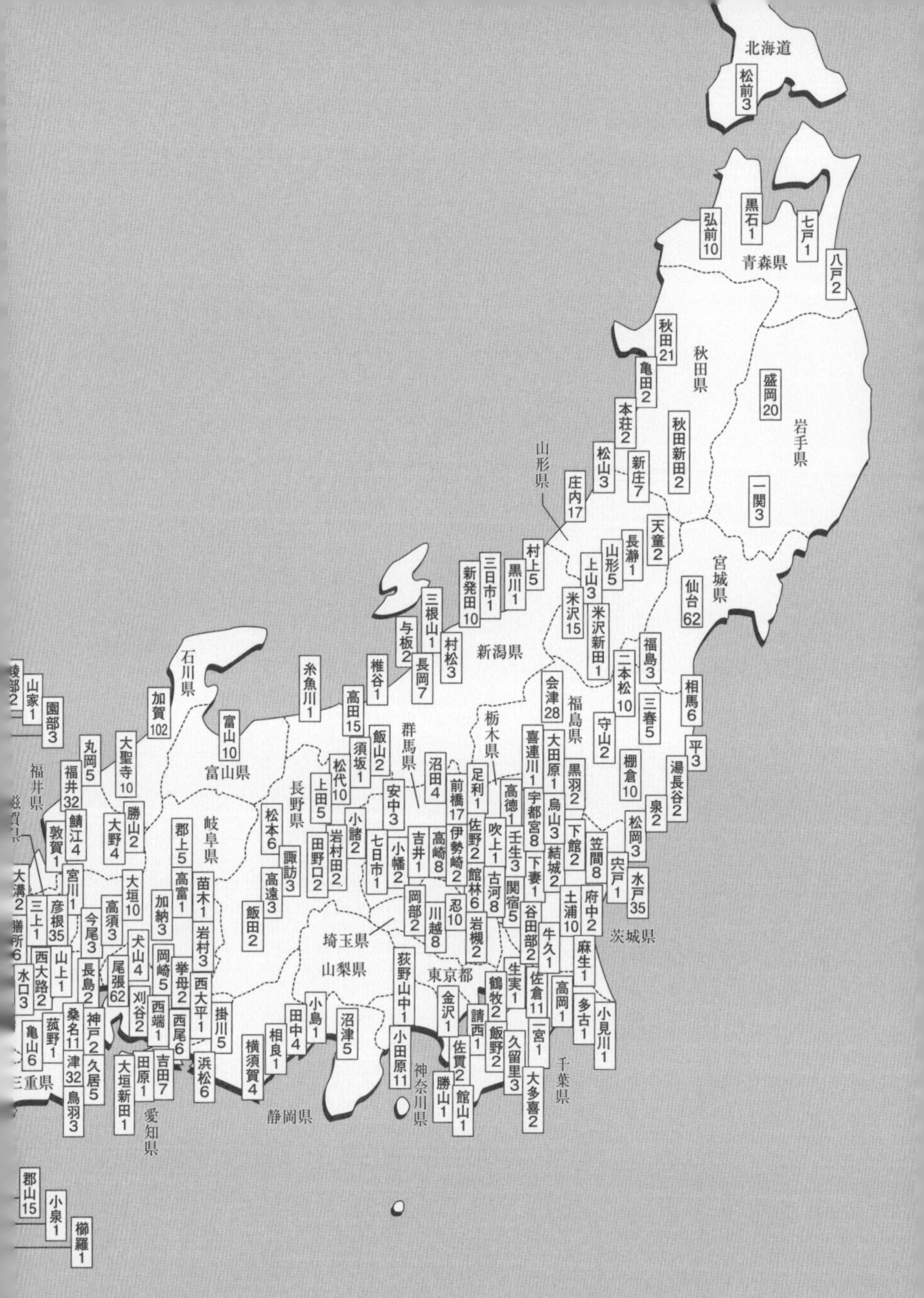


**江戸末期の各藩**
（数字は万石。万石以下は四捨五入）